Berge versetzen für Anfänger

Marius Kursawe ist Mitgründer von Work Life Romance, er begleitet Menschen in beruflichen Umbrüchen und berät Unternehmen beim Abenteuer »New Work«. Er ist Autor der Bücher *Design Your Life* sowie *Journal of Happiness* und gefragter Gesprächspartner für Medien wie *Frankfurter Allgemeine Zeitung, BILD, Cosmopolitan* oder *NIDO*.

Marius Kursawe im Netz: www.mariuskursawe.de | Instagram: @mariuskursawe | Facebook: @kursawemarius

Marius Kursawe

Berge versetzen für Anfänger

Mach doch endlich, was du willst!

Campus Verlag
Frankfurt/New York

MIX
Papier aus verantwortungsvollen Quellen
FSC® C089473
www.fsc.org

ISBN 978-3-593-50912-9 Print
ISBN 978-3-593-43936-5 E-Book (PDF)
ISBN 978-3-593-43956-3 E-Book (EPUB)

Umschlaggestaltung: total italic, Thierry Wijnberg, Amsterdam/Berlin
Umschlagmotiv: © Shutterstock/venimo
Satz: Fotosatz L. Huhn, Linsengericht
Gesetzt aus: Minion und Myriad
Druck und Bindung: Beltz Grafische Betriebe GmbH, Bad Langensalza
Printed in Germany

www.campus.de

Für Klaudia und Jakob

Inhalt

Vorwort

Ein geschenktes Leben

Ich betrete das Wartezimmer der radiologischen Praxis mit gemischten Gefühlen. Einerseits bin ich spät dran, habe gerade wieder mal viel zu viel zu tun und daher eigentlich überhaupt keine Zeit für diesen Ausflug. Andererseits ist genau das wohl Teil des Problems, das mich hierhin geführt hat. Denn ich höre Töne. Töne, die ich eigentlich nicht hören sollte. Ein Piepen, um genau zu sein. Mit Verdacht auf Tinnitus hat mich mein HNO-Arzt daraufhin zum Radiologen geschickt. Und hier sitze ich jetzt und warte auf das Ergebnis der vorangegangenen Untersuchungen. Mit mir im Wartezimmer sitzt nur eine weitere Person. Schon mal gut, denke ich. Komme ich schneller dran. Ich schlage eine Reisereportage über Mauritius auf und richte mich auf eine kurze Wartezeit ein. Über den ersten Satz komme ich allerdings nicht hinaus. Denn der Fuß des Mannes, der mir gegenüber sitzt, trommelt jetzt rhythmisch gegen das Stuhlbein. Aus den Augenwinkeln schaue ich ihn mir genauer an. Er trägt Anzug und ist ganz offensichtlich angespannt. Nervös wippt sein Knie auf und ab, und seine Hände finden keinen Platz, auf dem sie länger als ein paar Sekunden verweilen können.

Dann öffnet sich die Tür zum Zimmer der Ärztin. Eine Frau mittleren Alters kommt heraus. Ich schätze sie auf Anfang vierzig und ihr Hosenanzug verrät, dass auch sie ihren Termin hier während der Arbeitszeit wahrnimmt. Ich weiß nicht, woran ich es festmachen soll, aber in ihrem Gesicht steht unübersehbar geschrieben, dass sie gerade nicht die Nachricht erhalten hat, die sie sich erhofft hatte. Ich schaue schnell weg und versuche, mich wieder auf den Artikel zu konzentrieren. Der Mann im Anzug ist der Nächste. Die Tür schließt sich hinter ihm, und ich bin jetzt der Einzige im Wartezimmer. Die Reportage schlage ich wieder zu und hänge meinen Gedanken nach. Ich frage mich, was die Frau vorhin wohl so mitgenommen hat. Ich weiß, dass Radiologen auch beim Verdacht auf Krebs zurate gezogen werden. Oder eben nach dessen Therapie, um zu beobachten, ob ein Tumor zurückgekehrt ist oder nicht.

Erinnerungen an Menschen in meinem Umfeld kommen hoch. An die bange Zeit nach dem Krebs und die Angst, er könnte wiederkommen. Plötzlich beschleicht mich die Angst, die jeder kennt, wenn er an das Thema denkt. Man schiebt es beiseite, denkt möglichst nicht darüber nach. Dennoch bleibt da diese Gewissheit, dass es eigentlich jeden treffen kann. Jederzeit. Was, frage ich mich, wenn die Ärztin bei den Aufnahmen meines Kopfes etwas findet, das da nicht hingehört? »Unsinn«, rede ich mir schnell ein. »Ich bin wegen was ganz anderem hier. Also entspann dich jetzt bitte mal«, versuche ich mich zu beruhigen. Das klappt dann auch so halb, und ich lese den ersten Satz der Reportage nun gefühlt zum achten Mal. Nach einer Weile öffnet sich die Tür zum Arztzimmer erneut. Der Mann im Anzug erscheint darin. Ich schaue ganz bewusst nicht hin. Will gar nicht wissen, was mir sein Gesicht zu sagen hätte. Aber seine Körperhaltung macht das Gewicht auf seinen Schultern sichtbar. »Scheiße«, denke ich und will eigentlich nur noch weg hier.

Dann wird mein Name aufgerufen. Ich betrete das Zimmer der Ärztin und nehme vor dem großen antiken Holzschreibtisch Platz. Die Ärztin hat auch schon die Bilder meiner Untersuchung in der Hand und heftet sie an die von hinten beleuchtete Wandvorrichtung. Ich versteife mich in meinem Stuhl, als das Innere meines Kopfes in Grün-Grau-Tönen vor mir erscheint. Ich versuche, ihr Gesicht zu deuten, während sie mein Gehirn Windung um Windung zu analysieren scheint. Nach scheinbar unendlichen Minuten dreht sie sich wieder zu mir um und – lächelt. »Ein wunderschönes

Gehirn. Alles in Ordnung«, verkündet sie. Und mehr zu sich selbst fügt sie noch hinzu: »Endlich kann ich heute jemandem mal eine gute Nachricht geben.«

Auf dem Parkplatz vor der Praxis schließe ich die Tür meines Autos auf und habe exakt zwei Gedanken: Erstens: »Das war gerade das seltsamste Kompliment, das mir je gemacht wurde.« Und zweitens: »Ich bin gesund!« Ich setze mich ins Auto, stecke den Zündschlüssel ins Schloss, drehe ihn aber noch nicht um. Stattdessen blicke ich auf die Straße vor mir. Die Sonne scheint. Es ist ein richtig schöner Frühlingstag. Ist mir heute Morgen irgendwie gar nicht aufgefallen. Ich beobachte die Menschen hinter der Windschutzscheibe bei dem, was man Alltag nennt: Hemden in die Reinigung bringen, den Hund ausführen, mit dem Nachbarn reden oder einfach darauf warten, dass die Ampel von Rot auf Grün springt. Nichts Besonderes. Eigentlich. Aber für mich ist die ganze Welt plötzlich unendlich schön. In diesem Moment empfinde ich den Tag, ja mein ganzes Leben, als das beste Geschenk, das man mir jemals gemacht hat. Und irgendwie fühlt es sich so an, als hätte ich es eben erst erhalten. Als ich den Motor schließlich starte, hänge ich immer noch meinen Gedanken nach: Vielleicht müssen wir erst glauben, etwas für immer zu verlieren, bis wir merken, wie sehr wir eigentlich daran hängen.

Große Hoffnungen, gebrochene Versprechen

An diesem Tag gab ich mir selber ein Versprechen: Ich will meine Zeit nie mehr verschwenden. Will nur noch das tun, was mir wirklich wichtig ist. Was Bedeutung hat. Und Sinn. Gemeinsam mit den Menschen, die ich gerne um mich herum habe. Und ich werde zur Tat schreiten. Als Erstes kündige ich den ungeliebten Job, der mir dieses nervige Piepen im Ohr erst eingebrockt hat. Schon seit Jahren will ich eigentlich raus aus dem Trott: tägliches Pendeln, verspätete Züge, unbezahlte Überstunden und Kunden, die ihre schlechte Laune scheinbar am liebsten an mir auslassen. Bisher fehlte mir der Mut dazu und insgeheim verachtete ich mich sogar dafür, den Absprung nicht zu schaffen. Bis zu jenem Vormittag. Als ich an diesem Tag nach Hause fuhr, war ich mir so sicher wie niemals zuvor, dass ich mein Leben dieses Mal endgültig ändern werde. »Ich hab's kapiert, liebes Schicksal«, dachte ich stolz. »Von nun an, wird sich alles ändern. Von nun an werde ich wahrhaftiger leben, authentisch und ohne Kompromisse.« Doch nichts von dem wurde wahr.

So intensiv das Gefühl und so sicher ich mir meines selbst gegebenen Versprechens an diesem Morgen auch war, schon eine Woche später war alles wieder beim Alten. Ich habe nichts von dem umgesetzt, was ich mir hoch und heilig geschworen hatte. Nichts. Mein Ziel lag vor mir wie ein großer, unglaublich schöner Berg: Ich wusste, ich wollte unbedingt da rauf, aber ich hatte keine Ahnung wie. Ich habe zwei weitere Jahre gebraucht, um meinen ungeliebten Job schließlich zu kündigen und von da an meinen eigenen Weg zu gehen. Das alles ist nun sieben Jahre her. Den Berg, vor dem ich damals stand, habe ich bezwungen – und auf ihn folgten noch einige weitere. Und mit jedem Gipfel wurde es leichter. Das Problem beim ersten Mal ist, dass man niemanden hat, der einem dabei hilft. Der warnt: »Vorsicht Gefahr«. Der antreibt: »Komm, das schaffst du!« Und der zeigt, wie man die Leichtigkeit, den Spaß und den Sinn unterwegs nicht aus den Augen verliert. Einfach jemanden, der sich auskennt am Berg und der weiß, wie man sicher hoch und auf der anderen Seite wieder runterkommt. Dieser jemand bin heute ich. Als Coach und Unternehmer helfe ich Menschen dabei, solche Versprechen, wie ich sie mir einst selbst gegeben habe, einzuhalten.

Der Auslöser, der hinter so einem Kurswechsel steht, ist oftmals ein schwerer Schicksalsschlag – Krankheit, Trennung, Tod. Im Angesicht solcher Ereignisse beginnen viele Menschen, ihr Leben erstmals zu hinterfragen und dann radikal ändern zu wollen. Mit der Erfahrung meines eigenen gebrochenen Versprechens weiß ich aber auch, dass viele von ihnen scheitern werden. Und das ist nur zutiefst menschlich und etwas, das wohl jeder kennt: Man nimmt sich etwas ganz fest vor, schmiedet Pläne und malt sich in Gedanken aus, wie es sein wird – und dann bleibt alles so wie immer. Durch meine Arbeit habe ich viele Menschen getroffen, die Berge versetzen wollten, aber einfach niemals losgegangen sind. Die es einfach nicht schaffen, das umzusetzen, was sie sich erträumen.

Anfangs dachte ich, es läge an mir, und war frustriert. Wenn die Klienten es nicht schafften, dann konnte meine Arbeit ja schließlich nicht so gut sein. Gleichzeitig sah ich andere, die im Anschluss an einen Workshop oder ein Coaching förmlich einen Raketenstart hinlegten. Als hätte nur ein kleiner Funke gefehlt, um eine Explosion auszulösen. Ich fragte mich: Warum scheitern die einen, während die anderen Erfolg haben? Und letztlich war es genau diese Frage, die mich seit jenem Moment auf dem Parkplatz der radiologischen Praxis nicht mehr losgelassen hat. Ich wollte Antworten. Wollte verstehen. Was macht den Unterschied zwischen den Träumern und den Machern? Warum bringen die einen ihre Ideen auf die Straße und die anderen nicht? Während der Coachings erkenne ich bei fast allen Menschen dasselbe Funkeln in den Augen, den unbändigen Wunsch nach Veränderung, die Lust darauf, Neues zu erschaffen und das Alte hinter sich zu lassen. Vielleicht, denke ich, liegt es nicht am Wollen, sondern am Können. Diejenigen, die im Anschluss an unsere Coachings tatsächlich ihre Ziele und Ideen umsetzen, haben vielleicht einfach mehr Erfahrung, sind entweder jung oder alt genug für das Projekt, haben mehr Kapital im Hintergrund oder einfach mehr Zeit. Klingt nach einer Antwort, stimmt aber nicht. Ich könnte für jedes dieser Argumente Gegenbeispiele nennen, die diese Ausreden – und nichts anderes sind sie – als solche entlarven.

Was macht den Unterschied?

Vielleicht, so hoffe ich, hilft ja ein Blick in die Fachliteratur. Und tatsächlich bietet mir meine Buchhandlung gleich mehrere Regalmeter an möglichen Antworten. Was mir gleich beim Lesen auffällt: Jede Disziplin hat ihre eigenen Lösungsansätze. Die Motivationstrainer sagen, es liege am falschen Ziel, das nicht genug Leidenschaft entfache. Die Psychologen behaupten, es liege an der Angst davor, erfolgreich zu sein. Und die Managementberater sind der Meinung, es fehle die nötige »Execution«, denn mit dem richtigen Projektmanagement könne schließlich jedes Ziel erreicht werden. Ich frage mich nach zwei Stunden in der Buchhandlung nur noch eins: Was nutzen mir die besten Checklisten, Motivations-Hacks oder Masterpläne, wenn ich niemals aktiv werde? Sie mögen ja ein gutes Handwerkszeug auf dem Weg zum Erfolg sein. Aber was helfen sie demjenigen, der niemals losgeht?

Ich entschließe mich, jemanden zu fragen, der es wissen muss, und wende mich an Wolfgang Bosbach. Der Spitzenpolitiker ist seit über 20 Jahren Abgeordneter des Deutschen Bundestages und zählt zu den bekanntesten Persönlichkeiten im Land. In den letzten Jahren hat er trotz einer Krebserkrankung jährlich über 30 000 Kilometer auf Autobahnen verbracht und 200 von 365 Tagen in Hotelzimmern übernachtet. Keine Frage, der Mann bewegt unglaublich viel. Ich frage ihn also: »Was macht für Sie einen Macher aus, Herr Bosbach?« »Leidenschaft, Überzeugungskraft, emotionale Kompetenz und Durchhaltevermögen«, lautet seine gewohnt prägnante Antwort. Um durchzuhalten, denke ich mir, muss man aber erst einmal auf dem Weg sein. Immerhin scheitern ja viele nicht an der nötigen Puste, sondern sie fallen bereits bei der ersten Hürde auf die Nase, dem ersten Schritt. Auch hier hat Bosbach, der sich vom Einzelhandelskaufmann zum Juristen und schließlich zum Berufspolitiker verändert hat, einen Trick parat: »Mit allem Schwierigen, mit allem Unangenehmen sofort beginnen. Dann hat man es aus dem Kopf und kann sich auf die leichten, auf die angenehmen Dinge freuen.« An diesem Gedanken bleibe ich schließlich hängen und spüre, dass es sich lohnen könnte, ihn weiter zu verfolgen. Auf meine letzte Frage, was er dem 30-jährigen Wolfgang Bosbach raten würde, könnte er ihm heute gegenübertreten, antwortet er: »Jede lange Reise beginnt mit dem ersten Schritt.«

Die Antworten Bosbachs machen mich nachdenklich. Je länger ich nach dem Unterschied zwischen Träumer und Macher suche, desto größer wird die Vermutung, dass es im Grunde doch ganz einfach ist: Was erfolgreiche Menschen von anderen unterscheidet, ist die Fähigkeit, vom Träumen ins Tun zu kommen, und das, was sie angefangen haben, bis zum Ende durchzuziehen. Und dabei ist es egal, ob das Projekt lautet »Mit dem Rauchen aufhören«, »Mehr Sport treiben«, »Fünf Kilo abnehmen« oder »Eine Firma gründen«. Ich glaube, es läuft immer auf die eine Frage hinaus: Bleibe ich auf dem Sofa sitzen oder stehe ich auf und packe es an? Klingt eigentlich ziemlich einfach. Und für einige wenige ist es das ja auch. Für die meisten aber eben nicht. Für viele ist dieser winzige Schritt genau das, was sie ein Leben lang von ihren Träumen trennt. Ganz nah, aber doch unüberwindbar.

Leben im Konjunktiv

Einen großen Traum mit sich herumzutragen, das ist ja auch leicht. Zumindest verglichen damit, ihn Wirklichkeit werden zu lassen. Und sind wir nicht alle schon mal auf einer Party einem dieser Menschen begegnet, die uns nach ein paar Gin Tonic von ihrer »genialen Geschäftsidee« erzählen? Doch schon am nächsten Tag kehren sie in ihren Alltag voller *könnte*, *müsste* und *würde* zurück, in dem sie niemals etwas von dem umsetzen, was sie am Abend zuvor erzählt haben. Das sind Leben im Konjunktiv. Voller großer Pläne und schöner Träume, in denen vieles möglich ist, doch am

Ende immer alles so bleibt, wie es immer war. Wer wirklich etwas ändern will, der muss diese Schwelle überschreiten, die das Leben jedes Menschen in zwei Hälften teilt: die des Träumers und die des Machers. Und letztlich entscheiden nur wir selbst, auf welcher der beiden Seite wir stehen wollen.

Zugegeben, zu sagen, man müsse »einfach nur machen«, das wäre zu leicht. Wer das ernsthaft behauptet, ignoriert all diejenigen, die Veränderung zwar um alles in der Welt wollen, die aber trotz größter Mühen und Anstrengungen nicht in die Umsetzung kommen oder unterwegs abbrechen. Sind sie etwa alle nur zu faul, zu willensschwach, zu unmotiviert? Sicher nicht. Die Frage ist doch, was steckt hinter diesem »einfach machen«? Erfolg kann nicht nur das Ergebnis von ein bisschen Disziplin und Tatkraft sein. Ich beschließe, mich auf die Suche nach Antworten zu begeben. Dabei suche ich sicher nicht nach »Erfolgsformeln« oder »Erfolgsgeheimnissen«, die uns den Schlüssel zu Macht, Einfluss und Reichtum versprechen. Das ist Unsinn. Ich will einfach nur verstehen, warum die einen scheitern, während die anderen Erfolg haben. Und ich will es von denen lernen, die zu den besten und erfolgreichsten in ihrem Bereich gehören. Aber auch von Menschen wie du und ich. Denn wenn ich von Erfolg spreche, dann interessiert mich zunächst nicht, ob jemand mit Anfang zwanzig seine erste Million gemacht hat, einen Marathon-Rekord hält oder als Firmenboss über viele Hundert Menschen bestimmt. Mich interessieren ebenso die Erfolge, die vielleicht gar nicht so spektakulär erscheinen, die aber ein Leben von Grund auf ändern können: Wenn man es schafft, seine Ernährung langfristig umzustellen, und sich dadurch gesünder und wohler fühlt, oder wenn man dem langersehnten Traumjob nach Jahren des Zögerns auch in der Mitte des Lebens noch mal eine Chance gibt. Das ist in meinen Augen ebenso Erfolg. Umsetzer sein, statt ewiger Träumer. An einer Sache festzuhalten, auch wenn es schwierig wird. Hindernisse zu überwinden und auch dann noch an eine Sache zu glauben, wenn sich scheinbar die ganze Welt gegen einen stellt. Und schließlich: anzukommen. Das zu erreichen, was irgendwann mal als Wunsch, als Idee oder Traum seinen Anfang genommen hat.

Als ich mich auf den Weg gemacht habe, um Antworten auf meine Fragen zu finden, konnte ich nicht ahnen, wohin mich diese Reise überall führen würde. Ich habe mit Wissenschaftlern der unterschiedlichsten Disziplinen gesprochen, habe Biografien gewälzt und Fachliteratur studiert. Am meisten aber habe ich in den Begegnungen und Gesprächen mit den Menschen gelernt, deren Strategien, Methoden und Denkweisen ich für dieses Buch analysieren und niederschreiben durfte. Ihre Geschichten sind zu dem geworden, was ich im Rückblick als den Kern bezeichnen würde – das, was Erfolg wirklich ausmacht. Und so sind meine Begegnungen mit diesen außergewöhnlichen Menschen auch zu acht wichtigen Etappen geworden, die ich dir in Kapitel 2 dieses Buches vorstellen werde. Jede dieser Etappen hat mir einen neuen Aspekt des Bergeversetzens aufgezeigt, Hat mich dazu gebracht, immer besser zu verstehen, weshalb manche Menschen schaffen, was sie sich vornehmen, und andere nicht. Wie ein Puzzle, das sich erst Stück für Stück zusammensetzt und am Ende ein klares Bild ergibt. Meine Erkenntnisse habe ich am Ende jeder Etappe als Mental-Hack oder Challenge für dich zusammengefasst, damit du die Fähigkeiten trainieren kannst, mit denen du am Ende deinen persönlichen Berg versetzt.

Am Ende meiner Reise stand für mich vor allem eine Erkenntnis: Erfolgreich sein, das hat nicht viel mit Schicksal zu tun, nicht mit Glück, Geld oder Talent. Es gibt so viele Möglichkeiten, durch die wir täglich Einfluss darauf haben, ob und wie uns die Sachen gelingen, die uns wichtig sind. Man kann etwas ändern, das weiß ich heute ganz sicher. Dieses Buch ist die Chronik meiner Reise geworden. Eine Reise, auf die ich dich in drei Teilen mitnehmen möchte. Im ersten Teil geht es darum, die Grundlagen zu verstehen, Erfolg in seine Bestandteile zu zerlegen und die Rahmenbedingung zu begreifen. Im zweiten Teil begegnen wir den Machern in der Praxis. Wir lernen Extremsportler, Politiker, Unternehmensgründer, Spezialeinsatzkräfte, Bergsteiger kennen und lernen, wie sie Herausforderungen im Alltag ganz konkret begegnen und wie sie Erfolg mit bestimmten Tools, Methoden, Strategien und kleinen Hacks Wirklichkeit werden lassen. Im dritten und letzten Teil schauen wir dann noch auf das, was sich im Kopf abspielt, der Mindset also, der große Macher auszeichnet. Für mich war es eine Reise voller Überraschungen, mal bewegend, mal begeistern und ganz oft einfach nur unglaublich. Eine Reise, an deren Anfang vor allem die Neugier stand. Und an deren Ende: Klarheit. Eine Reise, die für dich genau hier und jetzt beginnt.

1 Die Grundlagen verstehen

1.1 Von Superhelden und Gipfelstürmern

Es war eine kleine Sensation, als am 15. September 1982 die erste Ausgabe der Tageszeitung *USA Today* an den amerikanischen Zeitungskiosken auslag. Den amerikanischen Lesern wurde ein völlig neuartiges Zeitungsformat präsentiert. Die Idee dazu hatte der Geschäftsmann Al Neuhard. Er wollte eine Zeitung machen, die auf farbige Bilder und große Grafiken setzte, statt langer und ausführlicher Texte. Neuhard war auch fest davon überzeugt, dass die Inhalte in kürzeren und gut verdaulichen Häppchen serviert werden sollten. Politische Themen wurden bewusst knapp gehalten, dafür gab es mehr Unterhaltung, Sport und Fernsehen. Solche Ideen wurden damals von den Analysten der Wallstreet ebenso belächelt, wie von den Wettbewerbern verspottet. Wer, so fragte man sich, würde schon Geld dafür bezahlen, um Nachrichten möglichst kurz und kompakt zu konsumieren?

Wie visionär diese Idee war, zeigt sich erst im Rückblick: Heute wird es schwer, jemanden zu finden, der die Zeit und Muße hat, einen Artikel überhaupt noch bis zum Ende zu lesen. Dennoch, die Kritiker waren damals deutlich in der Überzahl. Als »McPaper« wurde die neue Zeitung etwa beschimpft. Fastfood für den Kopf. Und auch finanziell stand es lange schlecht um das Projekt. Die Leser kauften die Zeitung zwar, aber die Anzeigenkunden blieben aus. Erst ein Jahrzehnt später sollte sich das ändern und das Blatt begann, Profit zu machen. Auch der Einfluss von *USA Today* auf die Medienlandschaft nahm immer weiter zu. Heute arbeitet so gut wie jede Zeitung mit den Elementen, die Al Neuhard Anfang der 1980er Jahre am Markt etablierte. In einem Artikel der *New York Times* kommt Autor Herbert Buchsbaum zu dem Schluss: »*USA Today* wurde als Narrenmission angesehen und hat sich als dauerhafte und wichtige Institution erwiesen.«[1] Ihr Begründer hat damit bewiesen, was alles möglich ist, wenn man den Mut hat, Neuland zu betreten. In eine Zukunft aufzubrechen, die andere nicht sehen. Den Willen zu haben, diese Reise fortzusetzen, selbst wenn sich alle gegen einen wenden.

Typen wie Al Neuhard faszinieren Menschen auf der ganzen Welt. Echte Macher, die ihre Ideen bis zum Ende durchboxen. Frauen und Männer mit einem Willen so stark wie ein Bulldozer, die nichts und niemand von ihrer Mission abbringt. Ihre Geschichten begegnen uns in der Managementliteratur ebenso wie in Hochglanzmagazinen, Blogs oder auf YouTube. Und ich muss zugeben, auch ich war das erste Mal schwer beeindruckt, als ich von Al Neuhard gelesen habe. Mit der Zeit aber wurde aus dem Staunen ein Grübeln. Ich habe mich gefragt: Was soll das eigentlich sein, ein Macher? Was steht hinter diesem Label, das wir erfolgreichen Leuten so oft und so gerne aufdrücken; Politikern wie Angela Merkel oder Unternehmern wie Elon Musk. Aber was steckt eigentlich dahinter, und was bedeutet es, Macherin oder Macher zu sein? Schließlich reden wir nicht über eine geheime Superkraft, die den Erfolgen solcher Leute zugrunde liegt. Oder etwa doch?

Schauen wir uns doch an, was Alex Jones, Direktor des Joan Shorenstein Center on the Press, Politics and Public Policy über den Erfolg von Al Neuhard sagt: »Er hatte eine Vision für *USA Today,* und er hat sie einfach durch seinen Willen verwirklicht.«[2] Klingt das nicht doch verdächtig nach Superheld? Ein Mann, der seine Vision durch die pure Kraft des Willens Wirklichkeit werden lässt. Ziemlich frustrierend, wenn ich darüber nachdenke, wie oft ich mit meinen eigenen Zielen nicht so erfolgreich war. Hat es mir dann etwa einfach an »Willpower« gefehlt? Oder war meine Vision zu schwach? Ich glaube nicht! Je mehr ich mich bei meiner Recherche in die Biografien erfolgreicher Persönlichkeiten einlese, desto größer wird das Gefühl, dass ihre Geschichten modernen Märchen gleichen, in denen Mythos und Wirklichkeit immer mehr miteinander verschmelzen. Denken wir nur an die zahlreichen Anekdoten und Weisheiten, die einem Steve Jobs im Rückblick zugeschrieben werden. Jeder Artikel, jeder Bericht und jedes neue Buch setzt noch einen oben drauf. Irgendwann wird mir klar: Wenn ich den Erfolg der Macherinnen und Macher verstehen will, muss ich den Glanz und den Glamour erst einmal beiseiteschaffen und mich, wie ein Archäologe, zum Kern durchgraben. Zu den Fähigkeiten, Strategien und Einstellungen, die ihr Denken und Handeln bestimmt haben und bestimmen. Dinge, die man nachvollziehen kann. Dinge, die man lernen kann. Dinge, die uns in die Lage versetzen, selber mehr und mehr zum Macher zu werden. Zu jemanden, der Ideen, Träume, Vorhaben und Wünsche lebt, sie anpackt, umsetzt und so hartnäckig verfolgt, bis sie Wirklichkeit geworden sind.

Und ja, das können auch wir »Normalos«. Wir müssen dafür kein zweiter Elon Musk sein. Ich habe bei den Recherchen für dieses Buch mit ganz unterschiedlichen Menschen gesprochen, die allesamt Außergewöhnliches erreicht haben. Superhelden waren nicht darunter. Obwohl sie Dinge vollbracht haben, die oft weit außerhalb ihrer vermeintlichen Möglichkeiten lagen. Und auch gegen Widerstände, die sie immer wieder zurückgeworfen haben. Menschen wie Martin Sell, der als Analphabet erst in der Mitte seines Lebens Lesen und Schreiben gelernt hat. Oder Waltraud Cichon, die mit 70 Jahren begann, Klavier spielen zu lernen, oder auch Benjamin Franz, der trotz halbseitiger Lähmung nach einem Unfall eine zweite Karriere als Fotograf startete. Sie alle lernst du in Kapitel 2 kennen. Aber vor allem durfte ich von ihnen lernen. Lernen, was es bedeutet, Grenzen nicht anzuerkennen. Nach etwas zu streben, das Kühnheit verlangt – vor allem aber die Fähigkeit, nicht nur zu träumen, sondern diese Träume auch in die Wirklichkeit zu führen. Ich bin in den vergangenen Jahren sehr vielen

Menschen begegnet, die einen großen Traum in sich tragen, ihn aber über Jahre unter Verschluss halten. Sie träumen vom Umzug in die Lieblingsstadt, vom Leben in einer anderen, glücklicheren Partnerschaft oder vom Wunschberuf, den sie aber nicht ergreifen, weil ein anderer Job vermeintlich sicherer ist. Träumer gibt es viele, Umsetzer aber muss man lange suchen. Acht ganz besondere Machererinnen und Macher werde ich dir in diesem Buch vorstellen.

In den Begegnungen mit ihnen habe ich vor allem eins gelernt: Ihre Erfolge basieren weder auf außergewöhnlichem Talent noch einer Veranlagung zur Genialität, geschweige denn auf Geld. Erfolgreich sein, das ist vor allem die Fähigkeit, vom Träumen ins Tun zu kommen, von der Absicht zur Umsetzung. Es bedeutet, den ersten Schritt eines Weges einfach zu machen, auch wenn man nicht weiß, wohin er einen führt. Erfolgreich sein, das heißt dranzubleiben und den Kurs beizubehalten, auch dann, wenn es ungemütlich wird und manchmal vielleicht sogar wehtut. Es ist der Biss, auch bei Rückschlägen nicht alles hinzuschmeißen, sondern trotzdem weiterzumachen.

1.2 Worauf es ankommt: Das WME-Modell

Wenn ich die letzte Dekade meines eigenen Leben unter eine thematische Überschrift setzen müsste, dann wäre es diese: Veränderung. Ich habe, erst als Unternehmensberater, später dann als Gründer und Partner einer eigenen Firma, die unterschiedlichsten Veränderungsprozesse begleiten und mitgestalten dürfen. Und nicht zuletzt würde ich meine eigene Vita, vom studierten Archäologen hin zum Berater und schließlich zum Gründer und heutigen Unternehmer, im Rückblick als kuriose und spannende Reise bezeichnen, die alles war, nur nicht vorhersehbar. Und auch nicht leicht. Ich kenne die großen Zweifel vor einer Kündigung und die Ängste, wie es danach weitergeht. Ich habe selber erlebt, was es bedeutet, tagsüber eine neue Firma aufzubauen und nachts im Zweitjob das Geld dafür zu verdienen. Einen roten Faden aber gab es in all den Jahren immer, und das war eben die Leidenschaft dafür, Menschen und Unternehmen in ihre Potenziale zu bringen. Ich war bei der Fusion von Banken dabei oder habe Unternehmen in der Vorbereitung von Börsengängen begleitet. Ich habe aber auch viele Menschen gecoacht, die nichts Geringeres verändern wollten als ihr eigenes Leben. Ich bin daher sehr demütig geworden, wenn es darum geht, Veränderung erklärbar zu machen und in ein Schema zu pressen. Viele ausgefeilte wissenschaftliche Modelle liegen seit Jahren in einer Schublade und stauben zu. Auch so manche »Erfolgsformel« ist bei mir am Alltag gescheitert, zu kompliziert und theoretisch. Ich glaube, dass es auch einfacher geht, und habe mir dafür die Biografien berühmter Persönlichkeiten angeschaut, habe die Vorgehensweise derjenigen analysiert, die nach unseren Coachings erfolgreich durchstarten, ich habe die Forschungsergebnisse von Neurowissenschaftlern, Psychologen und Ökonomen hinzugenommen – und ich habe das mit dem verglichen, was ich in den Interviews für dieses Buch gelernt habe. Um ehrlich zu sein, kam ich mir irgendwann vor, wie ein Uhrmacher, der ein kunstvoll und perfekt gefertigtes Uhrwerk vor sich hat und mit der Lupe verstehen will, wie es funktioniert. Am Anfang ist alles noch sehr kompliziert, und man kann keine Zusammenhänge erkennen. Dann setzt sich aber ganz langsam ein Bild zusammen und man beginnt, zu verstehen. Gleiches gilt für erfolgreich umgesetzte Vorhaben, egal welcher Art. Wenn man sie unter der Lupe betrachtet und sie in ihre Bestandteile zerlegt, dann findet man irgendwann eine Struktur, ein Muster, das sich ständig wiederholt. Und dieses Muster besteht auf den folgenden drei Komponenten:

WOLLEN – MACHEN – ERREICHEN

Was ich damit meine, will ich dir gerne mithilfe einer einfachen Metapher erklären. Lass uns dafür gemeinsam einen Berg besteigen. Und dieser Berg ist kein einfacher Berg, er wird dich fordern und an deine Grenzen bringen – er steht für ein wirklich großes, ambitioniertes und herausforderndes Ziel. Schauen wir uns nun an, welche Phasen du während des Aufstiegs durchlaufen wirst, und welche Schritte dich zum Gipfel führen. Schritt eins, die Grundvoraussetzung also, ist die Bildung einer Intention. Oder anders gesagt: Du musst es wirklich *WOLLEN*. Du musst den ausgeprägten Wunsch in dir spüren, diesen Berg bezwingen zu wollen, und mit jeder Faser deines Körpers danach streben, seinen Gipfel zu erreichen. Das alleine reicht aber nicht aus. Nur der Wunsch wird dich nicht auf die Spitze des Berges bringen. Entscheidend ist nun, die Intention in eine Handlung zu überführen. Hier kommt der zweite Schritt ins Spiel: Du musst es wirklich *MACHEN*! Konkret heißt das: Du musst an den Berg und Schritt für Schritt dem Gipfel entgegenklettern. Doch auch jetzt bist du noch lange nicht oben. Früher oder später wirst du auf Schwierigkeiten stoßen. Mal sind es Widerstände von außen, das Wetter wird schlechter oder die Route ist schwerer als erwartet. Mal kommen die Widerstände aber auch aus dir heraus: Du verlierst den Glauben daran, dass du gut genug für den Berg bist, oder die Lust, überhaupt noch weiterzugehen, nimmt einfach so ab. Jetzt kannst du entweder abbrechen oder du bleibst auf Kurs und setzt deinen Weg auch gegen diese Widerstände

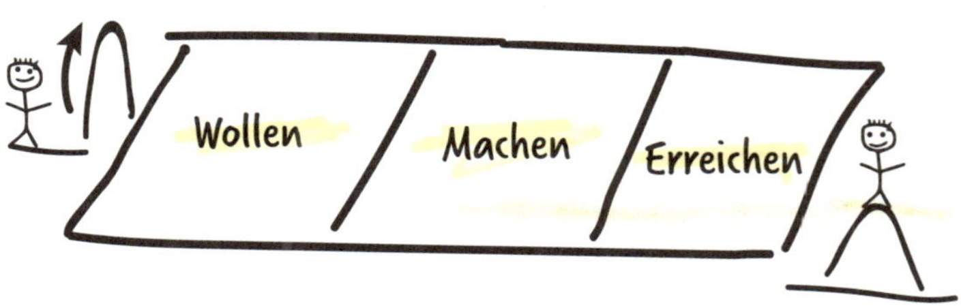

Abbildung 1: Erfolg braucht drei Komponenten

fort. Nur wenn dir das gelingt, wirst du dein Ziel, den Gipfel des Berges, *ERREICHEN*.

1.3 Was dich von deinem Ziel trennt: Die zwei Barrieren

Runter vom Berg und zurück in die Wirklichkeit. Mit dem Modell der drei Phasen will ich dir einerseits zeigen, wie Erfolge entstehen. Es hilft dir aber auch, dein mögliches Scheitern zu verstehen. Indem es dir nämlich die Stellen deiner Reise zeigt, an denen du vielleicht schon seit Jahren immer wieder aufgibst und umkehrst. Und es hilft dir, einen Blick darauf zu werfen, was noch vor dir liegt, wenn du den Prozess bereits begonnen hast. Mit den drei Phasen WOLLEN – MACHEN – ERREICHEN haben wir also die entscheidenden Schritte in Richtung Erfolg definiert. Im Prinzip ist das keine Raketenwissenschaft: Du musst es wollen, du musst es machen, und du musst dein Ziel erreichen.

Vielleicht fragst du dich, warum es trotzdem so verdammt schwer ist und warum so viele Menschen auf dieser Reise scheitern. Um das zu erklären, müssen wir das Modell noch um eine weitere Ebene ergänzen. Denn es fehlen noch die Hindernisse, Barrieren und Widerstände, die sich dir auf deinem Weg vom Fuß des Berges bis zum Gipfel in den Weg stellen. Schauen wir uns also an, an welchen Stellen in dem Modell dein Scheitern am wahrscheinlichsten ist. Zunächst kann dies natürlich schon innerhalb der Phasen selbst geschehen. Im ersten Schritt (*WOLLEN*) kann es etwa sein, dass du dich auf ein Ziel verpflichtest, das du womöglich gar nicht erreichen willst. Dennoch versuchst du es, weil dein Chef, dein Partner oder deine Eltern es von dir erwarten. Im zweiten Schritt (*MACHEN*) kann es sein, dass du plötzlich ein anderes Ziel viel attraktiver findest und dich lieber darauf konzentrierst, anstatt dein eigentliches Vorhaben zum Abschluss zu bringen. Und im dritten Schritt (*ERREICHEN*) kann es passieren, dass du nicht den nötigen Biss hast, die letzten Meter bis zum Ziel hinter dich zu bringen und kurz vor dem Ziel umkehrst.

Abseits dieser Problematik, auf die ich später detailliert eingehe, sind besonders zwei Stellen für die meisten gescheiterten Vorhaben verantwortlich. Diese verlaufen exakt an den Grenzen der drei Phasen. Ich nenne sie die zwei Barrieren auf deinem Weg zum Ziel. Weil sie sich dir in den Weg stellen und die konsequente Umsetzung deines Vorhabens verhindern. Die *erste Barriere* befindet sich an der Grenze zwischen Wollen und Machen. Man kommt einfach nicht in die Handlung. Daran scheitern übrigens nicht nur Individualpersonen mit ihren Vorhaben, mehr Sport zu machen, ein Start-up zu gründen oder die langersehnte Weltreise anzutreten. Als »Knowing-Doing Gap«[3] wird im Management etwa das Problem bezeichnet, das Führungskräfte oft zwar sehr genau wissen, was sie tun müssen, um ein bestimmtes Ziel zu erreichen, aber trotz allem nicht in die Umsetzung gehen. An dieser Barriere begegnen wir Menschen, die zwar groß träumen und auch hoch motiviert sind, ein bestimmtes Ziel zu erreichen, die aber nie damit beginnen, es wirklich umzusetzen. In der Metapher des Bergsteigers sind das diejenigen, die seit Jahren von ihrem großen Vorhaben und dem Gipfel reden, die aber dennoch nie einen Fuß an den Berg setzen. In der Theorie denken sie gerne und ausführlich darüber nach. Vielleicht sind sie in Gedanken sogar schon mal die Route geklettert, haben recherchiert, welche Ausrüstung man braucht und welche Jahreszeit am geeignetsten ist. Aber wirklich am Berg – nein, da waren sie nie. Sie stehen lieber unten und erzählen davon, wie schön es da oben sein muss. Die erste Barriere trennt also die Träumer von den Machern. Wir überwinden sie, indem wir einfach loslegen. Nur: So »einfach« ist es eben nicht.

Wer es aber schafft, in die Umsetzung zu kommen, der setzt um und macht das Erreichen seines Ziels mit jedem Schritt wahrscheinlicher. Doch Handeln alleine bringt uns leider auch noch

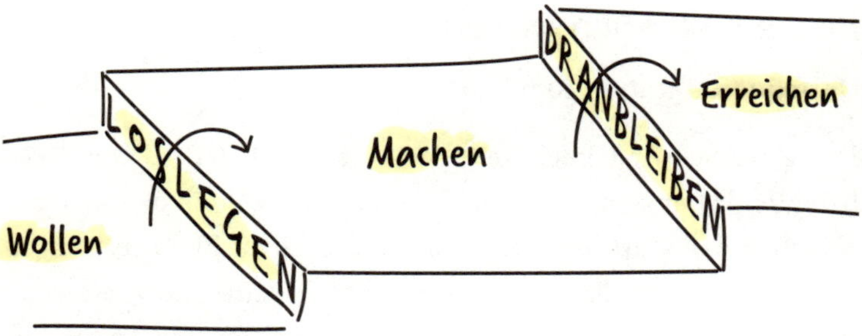

Abbildung 2: Zwei Barrieren auf dem Weg zum Ziel

nicht zwangsläufig ans Ziel. Denn irgendwann treffen wir auf Widerstände und im schlechtesten Fall führen sie dazu, dass wir aufgeben und den Rückweg antreten. Hier stehen wir vor der *zweiten Barriere* und finden Menschen, die mitten im Prozess aufgeben und abbrechen. Das kann etwa der Sprachkurs sein, zu dem man nach einigen Wochen nicht mehr hingeht, weil es im Job oder in der Familie gerade zu stressig ist. In Unternehmen sind das die Projekte, die mit großem Tamtam gestartet werden, dann aber wegen anderer »wichtiger« Angelegenheiten doch wieder versanden. Die zweite Barriere zu überwinden, erfordert daher die Kompetenz, mit Hindernissen umgehen zu können, auf Kurs zu bleiben und schlichtweg dranzubleiben.

Ich nenne dieses Konzept das *WME-Modell*; und nachdem du es jetzt kennst, können wir einen Schritt weitergehen. Ich möchte dich jetzt detailliert durch das Modell führen. Dich mit auf die Reise nehmen. Die Reise vom bloßen Wunsch zur konkreten Umsetzung. Ich möchte dir zeigen, was hinter jeder dieser Phasen steckt. Worauf es ankommt und was du tun musst, um weiterzukommen und am Ende erfolgreich zu sein.

Phase 1: Wirklich wollen

Unbequeme Fragen zum Start

Der erste Schritt deiner Reise steht ganz im Zeichen der Vorbereitung. Hier geht es um die Grundlagen, die du in den weiteren Schritten benötigst, um dein Vorhaben auch zu Ende zu bringen und dein Ziel zu erreichen. Dazu zählen deine motivationalen Ressourcen ebenso wie die richtige Planung deines Weges. Die entscheidenden Fragen, die du hierzu beantworten musst, sind die vier Ws: *Warum & Wozu?*, *Wohin?* und *Wie?* Die vier Ws helfen dir dabei, von einem oft unpräzisen und von Emotionen dominierten Wunschbild, zu einem klar definierten und umsetzbaren Zielerreichungsprozess zu kommen.

Die meisten Menschen können es im Coaching genau an dieser Stelle kaum erwarten, loszulegen. Endlich passiert etwas. Endlich Handlung. Endlich Aktion. Doch genau jetzt ist es wichtig, kurz einmal innezuhalten und sich nicht kopfüber in den Prozess zu stürzen. Ich möchte, dass du dir klar darüber wirst, wie ernst es dir mit deinem Ziel ist und ob du es auch wirklich mit aller Konsequenz erreichen willst. In all den Gesprächen, die ich für dieses Buch geführt habe, wurde eines ganz deutlich: Menschen, die wirklich etwas bewegen, werden getragen von dem festen Willen nach Veränderung. Sie wollen es. Das ist die Grundlage und Voraussetzung, um etwas wirklich Großes zu erreichen. Das bedeutet nicht, dass man nicht auch zweifeln darf. Es wäre völlig naiv, alle Schwierigkeiten auszublenden, mit einem lauten »Tschakka« loszurennen und bei den ersten kleinen Hindernissen frustriert den Kopf hängen zu lassen. Dieses Wollen umfasst daher auch das Wissen um mögliche Herausforderungen. Frage dich also zuallererst: Will ich das wirklich? Wie fällt deine Antwort auf diese Frage aus? Ist es ein klares »Ja!« oder eher ein »Es wäre schön, wenn …« oder »Ich würde es ja schon gerne, aber …«? Wenn du dir nicht sicher bist, solltest du dein Ziel noch mal hinterfragen. Dass du zögerst, kann auch mit gut begründeten Zweifeln zusammenhängen. Wie bereits gesagt,

Zweifel sind erlaubt, aber sie sollten dich nicht daran hindern, loszugehen. Manchmal kann – manchmal muss – die Antwort auf die erste Frage daher auch ein lautes »Ja – trotzdem« sein. Wir beide wissen, dass es Schwierigkeiten, Rückschläge und Momente des Scheiterns geben wird. Mach dir bitte klar: Erfolgreich zu sein, bedeutet nicht, keine Probleme zu haben. Es bedeutet, Probleme zu haben, sie in den Griff zu kriegen und *trotzdem* ans Ziel zu kommen. Vielleicht lautet deine Antwort aber auch Nein, und das ist überhaupt nicht schlimm. Im Gegenteil. Möglicherweise ist es sogar gut, sich klarzumachen, dass man Ziel X eigentlich gar nicht erreichen will. Manchmal begreifen wir aber auch, dass wir einem Ziel nacheifern, das wir nicht für uns, sondern für andere erreichen möchten. Ich begegne so vielen Leuten, die ihre Talente darauf verwenden, das zu erreichen, was Eltern, Partner, Freunde, Kollegen et cetera von ihnen erwarten. Sie lassen sich von den Vorstellungen anderer, wie ein Leben zu leben ist, leiten und übernehmen deren Ziele ungeprüft auch für sich. Lass dir deine Agenda also nicht von jemand anderem diktieren. Erstell deine eigene. Du solltest weder deine Zeit noch deine Fähigkeiten darauf verwenden, etwas nachzueifern, was dir nichts bedeutet.

Beginne mit deinem Warum!

Du konntest für dich ein klares *Ja* (oder *Ja – trotzdem*) ausmachen? Glückwunsch! Denn jetzt bist du schon einen großen Schritt weiter als viele andere. Jetzt bist du bereit dafür, die Grundlagen deiner Reise vorzubereiten: die 4 Ws. Der erste wichtige Schritt betrifft die Auseinandersetzung mit der Frage nach dem *Worum & Wozu*. Die Antwort(en) darauf ist (sind) dein Antrieb, der dich auf der Reise bis zum Ziel vorwärtsträgt. Sein *Warum & Wozu* zu kennen, bedeutet auch, die Quelle seiner Ambition zu verstehen. Nimm dir also jetzt etwas Zeit und frage dich: Warum und wozu will ich X erreichen? Was treibt mich an? Was erwarte ich mir davon? Nimm dir hierzu ein weißes Blatt Papier und einen Stift. Notiere dein Ziel in die Mitte des Blattes und schreibe darum die Gründe, die dich antreiben, dein Ziel erreichen zu wollen. Das kann zum Beispiel so aussehen wie in Abbildung 3.

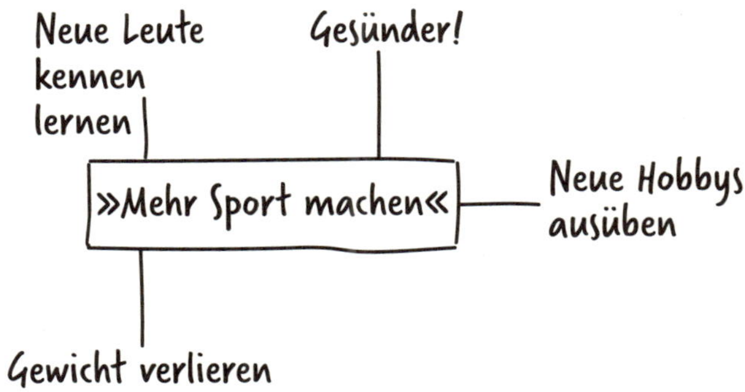

Abbildung 3: Bestimme dein *Warum & Wozu*

Frage dich nun auch, ob es eine weitere Ebene gibt. Oft verbirgt sich hinter der ersten Reihe an Gründen noch eine zweite, versteckte Reihe. Es lohnt sich, diese zu entdecken. Ein Beispiel: Du hast dir vielleicht als Ziel notiert »Mehr Sport machen«. Dein Warum in der ersten Reihe könnte womöglich lauten »Gewicht verlieren«. Jetzt kommt die zweite Reihe. Was für ein *Warum & Wozu* steht hinter dem Ziel »Gewicht verlieren«? Möglicherweise lautet deine Antwort »Gesundheit« oder aber: »Mein Mann mag mich schlanker.«

Diese Methode hilft dir dabei, deine Intentionen besser zu verstehen. So bist du in der Lage, sie einzuordnen und zu hinterfragen: Tue ich das wirklich für mich? Kann ich mich wirklich damit identifizieren? Wenn sich die Antworten für dich jetzt immer noch gut anfühlen, mach einen Haken dran. Wenn du aber merkst, dein *Warum & Wozu* tut dir eigentlich gar nicht gut und macht viel mehr andere Menschen glücklich, dann setze zumindest ein großes Fragezeichen dahinter.

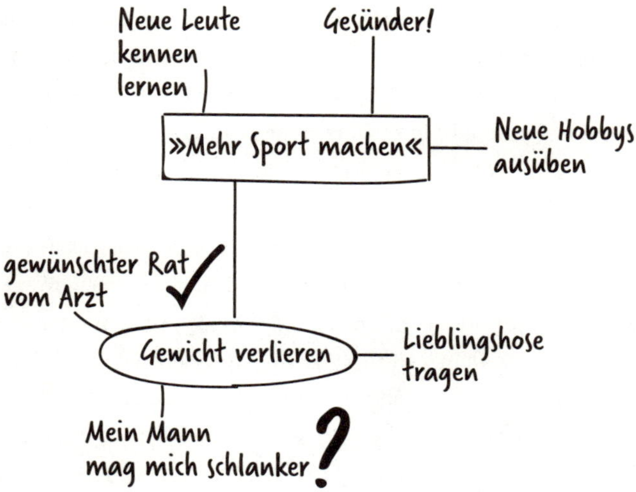

Abbildung 4: Hinterfrage deinen Antrieb

Bestimme deine Vision

Wenn dein Antrieb klar ist, kommt nun der nächste entscheidende Schritt: Aus dem *Warum & Wozu* muss ein konkretes Ziel werden, ein *Wohin*. Deine Vision, die dir sagt, wohin die Reise geht. Wenn das *Warum & Wozu* der Antrieb ist, dann ist die Vision dessen zielgerichtete Entladung. Visionen haben aber noch eine weitere wichtige Funktion: Sie helfen uns dabei, zu fokussieren (Energie, Zeit, Geld, Skills und so weiter) und uns auf das auszurichten, was uns wichtig ist. Das heißt auch, andere Dinge auszublenden. Nein zu sagen, zu allem, was uns bei der Umsetzung ausbremst.

Es gibt in der Literatur viele Ansätze und Methoden, um Visionen zu entwickeln. Ich persönlich arbeite seit Jahren am liebsten mit einer Methode, die James Collins und Jerry Porras entwickelt haben: das »Big-Hairy-Audacious-Goal« (oder BHAG – gesprochen: Bi-heck).[4] Das BHAG ist eine strategische, mittel- oder langfristige Vision, die sich dadurch auszeichnet, dass sie groß ist (= visionär), haarig (= schwierig) und kühn (= Mut erfordert). Das Schöne daran ist, ein BHAG ist zwar argumentativ durchaus anzweifelbar, aber es ist immer noch so realistisch, dass man es nicht so einfach als Unsinn abtun kann. Ein Beispiel: Du willst mit 70 Jahren noch mal damit beginnen, Klavier zu lernen? Ein durchaus kühnes, aber nicht unmögliches Ziel. Ergo: Einen Versuch ist es wert.

Kühn formulierte Ziele haben einen großen Vorteil: Sie lösen ein positives Gefühl von Dringlichkeit aus. Denn wenn du das mit dem Klavier wirklich schaffen willst, solltest du keine Zeit verschwenden und endlich damit loslegen. Ein halbherziges Vorgehen oder stetes Aufschieben nach dem Motto »Darum kümmere ich mich später mal« lässt ein BHAG also nicht zu, dafür ist das Vorhaben einfach zu ambitioniert. Es braucht deine ganze Kraft und deinen vollen Einsatz. Eine Vision in Form eines BHAG kann demnach eine unglaubliche Energie freisetzen und uns auf ein Level bringen, das wir ohne dieses kühn formulierte Ziel niemals anstreben würden. Ein BHAG zeichnet außerdem aus, dass es nicht lang sein muss. Im Gegenteil: Eine starke Vision braucht nicht viele Worte, sondern passt auf einen Bierdeckel. Man kann sogar sagen, je kürzer, desto besser. Beispiel Microsoft: »Als wir vor 30 Jahren Microsoft gründeten, hatten wir große Träume«, berichtet Bill Gates 2006 auf einer Konferenz in Washington. Zusammen mit seinem Partner Paul Allen formuliert Gates das BHAG für Microsoft: »Ein Computer auf jedem Schreibtisch und in jedem Haus.« Kurz, prägnant und wahrhaft kühn. Und heute wissen wir, dass aus der Vision Wirklichkeit wurde.

Die Reise planen

Du hast nun dein *Warum & Wozu* geklärt und ebenso das *Wohin*. Jetzt ist es entscheidend, die Reise gut zu planen. Wir kommen zum *Wie*. Worauf es dabei ankommt, verrät mir Dr. Daniela Heinze. Sie hat untersucht, was erfolgreiche Studierende anders machen als ihre weniger erfolgreichen Kommilitonen. Ein ganz entscheidender Faktor ist laut Heinze hierbei die richtige Planung. »Strukturen und Pläne erhöhen ganz entscheidend die Wahrscheinlichkeit, ein

Ziel auch wirklich zu erreichen.« Das kann ich auch aus der Coaching-Praxis bestätigen: Eine gute Planung ist ganz entscheidend, wenn du ein ambitioniertes Ziel erreichen willst. Umso schwieriger das Ziel, und je weiter es weg ist, desto detaillierter muss deine Planung sein. So weit die Theorie.

In der Praxis neigen viele Menschen aber dazu, bei der Umsetzung ihrer Ziele sehr unstrukturiert vorzugehen. Selbst eine Urlaubsreise wird in der Regel weitaus detaillierter geplant als eine Veränderung, die das eigene Leben betrifft. Das fängt schon mit der Zielformulierung an: Eine Aussage wie »Ich möchte gesünder leben« ist viel zu unspezifisch. Sie wird dir nicht dabei helfen, deinen Weg zum Ziel zu finden. Stell dir vor, du würdest dir das Ziel setzen »Ich möchte Urlaub machen«. Du wüsstest weder, in welchem Zeitraum du fahren wirst, wohin die Reise geht, noch wie du an dein Ziel kommst. Die Wahrscheinlichkeit, dass du jemals Urlaub machen wirst, wäre bei dieser Zielformulierung mehr als gering. Gleiches gilt für Ziele wie »Ich möchte glücklicher sein« oder »Ich möchte einen schöneren Beruf«. Ein Ziel muss so konkret wie möglich und nötig definiert sein, und eine Reise darf nicht dem Zufall überlassen werden. Wenn du also jemand bist, der eh gerne plant, dann kannst du dich jetzt richtig austoben. Und wenn nicht, dann gibt es noch eine gute Nachricht aus der Wissenschaft. Dr. Daniela Heinze: »Umfangreiche Planung ist besonders zu Beginn einer Veränderung wichtig. Wenn man einmal begonnen hat, fallen die weiteren Schritte häufig leichter.«

Zum Abschluss: Komm aus dem Quark!

Meine Bekannte Ulla hatte ihren Job gekündigt. Die Zeit, bis sie eine neue Stelle annahm, wollte sie nutzen, um sich einen alten Traum zu erfüllen: einen längeren Trip nach New York. Sie war hoch motiviert und begann damit, die Reise zu planen. Wochen vergingen. Eines Tages erzählte sie einem Bekannten von ihrem Vorhaben und kam dabei wieder ins Schwärmen. Sie erzählte von all den Dingen, die sie dort tun würde: von den Museen, die sie besichtigen wollte, und den Stadtteilen, in denen sie die Zeit am liebsten verbringen würde. Der Freund hörte sich alles geduldig an, und als sie fertig war, stellte er ihr eine einzige Frage: »Ulla, du weißt, was du jetzt machen musst, oder?« Ulla wusste nicht, worauf er hinauswollte und schüttelte irritiert den Kopf. »Du musst buchen.« Über all der Planung und Träumerei hatte sie das Entscheidende vergessen: loszufahren. Wenige Wochen später saß sie im Flieger. Sie verbrachte eine großartige Zeit in New York, von der sie heute noch gerne und oft erzählt. Ohne den Hinweis ihres Freundes würde sie vielleicht heute noch Reiseführer lesen und nach dem besten Angebot suchen.

Mit dem *Warum & Wozu,* dem *Wohin* und dem *Wie* hast du das Fundament deiner Reise geschaffen. Aus meiner Arbeit weiß ich, dass auf ein starkes *Warum* meist etwas folgt, das ich selber als »Verlangen nach Umsetzung« nenne. Ich kann es nicht anders beschreiben als einen starken inneren Drang, dieses Ziel zu erreichen und sein Vorhaben endlich umzusetzen. Diese innere Klarheit ist jedoch nicht zu verwechseln mit dem Handeln selbst. Denn selbst ein großer Wunsch nach Veränderung ist noch lange kein Garant für Erfolg. »Dein größter Feind in dieser Phase ist das Abwägen und Abwarten«[5], sagt John C. Norcross, Professor für Psychologie an der University of Scranton und klinischer Psychologe. Er beschäftigt sich seit über 30 Jahren intensiv mit der Frage, was erfolgreiche Verhaltensänderungen ausmacht. Darunter auch die berühmten Neujahrsvorsätze – mehr Sport, weniger Alkohol, viel Gemüse et cetera –, die jeder von uns kennt. Die größte Barriere für den Erfolg ist ihm zufolge das ewige Abwägen und ständige Überprüfen der besten Optionen. Sein Fazit: »Um Veränderung zu bewirken, muss man die Falle dieses obsessiven Widerkäuens überwinden und eine eindeutige Entscheidung zum Handeln treffen.«

Welche Bedeutung dieser Schritt für das Erreichen eines Ziels hat, konnte Norcross unter anderem in einer Studie nachweisen: Diejenigen, die konkrete erste Schritte in die neue Richtung unternommen haben, waren langfristig zehnmal erfolgreicher als diejenigen, die ständig abgewogen und hinterfragt haben. Es war eigentlich nur ein kleiner Schritt – vom Abwägen zum Umsetzen –, doch der Effekt auf dem gesamten Weg war enorm. Dennoch ist dieser Schritt für viele eine große Hürde. Eine Barriere, die sie einfach nicht überwinden können. Schauen wir uns also an, was da genau passiert.

Barriere 1: Loslegen

In einem Interview erzählt der Filmemacher Woody Allen folgende Begebenheit:

»Die Leute kommen immer zu mir und erzählen, wie gerne sie ein Theaterstück oder einen Film oder einen Roman schreiben wollen. Aber die meisten von ihnen, geben sich schon geschlagen, bevor sie jemals angefangen haben. Sie erreichen (ihr Ziel) nicht, weil sie nicht dazu in der Lage sind zu handeln. Wenn du aber erst mal anfängst zu schreiben, dann hast du den halben Weg schon geschafft. Das war für mich die wichtigste Lektion meines Lebens.«[6]

Erstaunlich, wie nah diese Lebenserfahrung Allens an den Forschungen von John C. Norcross liegt: Wer einmal anfängt, hat die Weichen bereits auf Erfolg gestellt. In meiner Arbeit begegne ich dennoch vielen Menschen, die genau das nicht schaffen. Die mit ihren Träumen, Ideen und Vorhaben genau an dem Punkt scheitern, den Woody Allen beschreibt. Was am Ende den Träumer vom Macher unterscheidet, ist seine Fähigkeit, ins Handeln zu kommen. Natürlich ist das nicht leicht. Ein Buch zu schreiben, ist eine Herausforderung; ein Restaurant zu eröffnen ohne Frage kompliziert; und eine Firma zu gründen, das kann ich eigener Erfahrung sagen, ein Kraftakt. Aber wahr ist auch: Ich muss einfach mal damit beginnen. Am besten mit kleinen Schritten. Will ich ein Buch schreiben, nehme mir eine

Stunde pro Tag Zeit, setze mich hin und fange an zu schreiben. Um ein Gastro-Konzept zu testen, starte ich mit einem Food-Truck und meine Geschäftsidee lasse ich als Teilzeitprojekt stetig größer werden. Glaub mir: Die Hürde von null auf 10 Prozent ist viel entscheidender, als diese 10 Prozent später auf 20, 30, 50, 80 und 100 Prozent auszubauen. Unsere eigene Firma haben wir übrigens genau so gestartet, in Teilzeit, an den Wochenenden, vor oder nach den anderen Jobs.

So schlecht viele Leute aber darin sind, in die Umsetzung zu kommen, so gut sind sie darin, Gründe für ihr Scheitern zu finden. Diese Mentalität des »Ja, aber ...« nervt. Sie nervt mich deshalb so, weil sie so viele tolle Ideen einfach viel zu früh kaputt macht. Und weil sie so viele tolle Menschen daran hindert, ihr wahres Potenzial auszuschöpfen. Sie macht den Menschen klein und ängstlich. Was wir aber brauchen, ist eine Mentalität des »Ja, und deshalb ...«. Eine Mentalität, die Menschen und ihre Ideen groß macht, die sie über sich selbst und ihre Zweifel hinauswachsen lässt, die sie ermutigt und dazu bringt, sich Ziele, auch wenn sie ambitioniert sind, zuzutrauen, die Risiken zwar erkennt, aber auch die damit verbundenen Möglichkeiten herausstellt, die Mut und Lust macht, Veränderung zu wagen.

Tausend Gründe, es nicht zu tun (und warum keiner davon zählt)

Anstatt uns auf die Möglichkeiten zu fokussieren, schauen wir lieber auf die Risiken und finden Gründe, warum ausgerechnet wir es nicht schaffen und ausgerechnet jetzt nicht der passende Zeitpunkt ist. Aber mal ehrlich, wann ist der schon? Und überhaupt: Das Leben ist voll von Gründen, die sich zwischen uns und unsere Ideen stellen. Vorausgesetzt, wir lassen das zu. Aber dürfen uns diese »Gründe« davon abhalten, den nächsten Schritt zu tun? Ich finde nicht. Der Stanford-Professor für Design-Thinking Bernard Roth bringt es prägnant auf den Punkt: »Reasons are Bullshit.« Und weiter schreibt er:

»Du bist dafür verantwortlich, zu entscheiden, was du tust ode
tust. Gib nicht anderen die Schuld und benutze keine Gründe,
Verhalten zu rechtfertigen oder zu rationalisieren. Auch wenn
dir für den Moment helfen, auf lange Sicht sind sie kontraproc

Ich kenne wahrscheinlich so gut wie alle Gründe, warum eine Idee oder ein Ziel nicht funktionieren kann. Unter den meist genannten ist die fehlende Zeit. Ich behaupte, das ist Unsinn. Wenn mir jemand sagt, er hätte keine Zeit, um Projekt X anzugehen, dann erzähle ich ihm von meinem Freund Claudio, der trotz Fulltime-Job und zwei kleinen Kindern jeden Morgen eine Stunde früher aufgestanden ist, um ein paar Seiten an seinem Roman zu schreiben, bevor sein Alltag begann. Leute wie Claudio haben nicht mehr Zeit als andere, sie nehmen sie sich aber. Das Zeitproblem ist in meinen Augen eher ein Priorisierungsproblem. Wenn wir es uns nicht zur Aufgabe machen, einen Weg zu finden, der uns durch die Hürden des Alltags navigiert, dann wird es natürlich für immer ein Traum bleiben.

Ein weiterer Grund, der viele Menschen davon abhält, ihren Träumen eine Chance zu geben, ist Timing. Sie warten auf den »richtigen Moment« im Leben. Der »richtige Moment« hat aber meiner Erfahrung nach eine besondere Eigenschaft, die ihn auszeichnet: Ihm kommt immer etwas dazwischen. Mal sind es die Kinder, mal ein anderes Jobangebot und mal das Wetter. Ich glaube nicht daran, dass es zu früh oder zu spät sein kann, um anzufangen. Wenn es so etwas wie den richtigen Moment überhaupt gibt, dann ist er immer genau jetzt. Du brauchst nicht erst auf ihn zu warten, du kannst ihn aber auch niemals verpassen. Ich glaube auch nicht an verpasste Gelegenheiten. Wenn du es mit 20 versäumt hast, Kunstgeschichte statt Jura zu studieren, dann holst du es halt jetzt nach. Geht nicht? In Kapitel 2 lernst du Waltraud Cichon kennen, die im Alter von 70 Jahren damit begonnen hat, Klavier zu spielen. Von ihr habe ich gelernt: Es gibt kein »zu spät«. Was es aber gibt, ist das Bedauern, es niemals wirklich versucht zu haben, wie Bronnie

Ware in ihrem Bestseller *5 Dinge, die Sterbende am meisten bereuen* eindrucksvoll beschreibt. Die australische Palliativkrankenschwester hat über viele Jahre hinweg Menschen in den Tod begleitet und dabei festgestellt:

»Nicht den Mut gehabt zu haben, das eigene Leben zu leben – das war das häufigste Bedauern von allen. Wenn die Menschen erkennen, dass ihr Leben fast vorbei ist, und klar darauf zurückblicken, ist es leicht zu erkennen, wie viele Träume unerfüllt geblieben sind. Die meisten Menschen hatten nicht einmal die Hälfte davon erfüllt.«[8]

Letztlich liegt die Verantwortung dafür, was du anpackt und was nicht, allein bei dir. Was du tust und was du nicht tust, entscheidest du. Wenn es also etwas gibt, das du erreichen willst, dann kannst du deine Zeit nicht damit verbringen, Gründe vorzuschieben, warum es nicht klappen wird. Suche stattdessen nach Wegen, wie es trotzdem geht. Mache einen Pakt mit dir selber und verkörpere dieses »Trotzdem« mit allem, was du bist und tust. Richte danach deine Entscheidungen, deine Handlungen und die Art und Weise aus, wie du mit Hindernissen umgehst. Sei dabei ruhig unbequem. In dem Moment, in dem du damit beginnst, deine Träume zu verwirklichen, kann das natürlich für andere Menschen durchaus störend sein – besonders für dein nahes Umfeld. Na klar, sie haben sich ja auch gut eingerichtet mit dir und müssten sich, wenn du dich veränderst, ja auch verändern. Wie oft begegne ich Frauen (und auch Männern), deren Partner zwar vordergründig Veränderungen begrüßen. Aber doch bitte nur, wenn danach auch alles beim Alten bleibt. Das ist aber kein guter Deal für dich. Wenn sich dir etwas oder jemand in den Weg stellt, frag dich, ob das wirklich so sein muss. Und glaub mir: Du bist kein schlechter Partner, kein schlechter Elternteil oder Freund, wenn du deinen Träumen die Möglichkeit gibst, Realität zu werden. Das ist für mich nicht Egoismus, sondern Selbstfürsorge. Denn wenn es dir gut geht, geht es auch deinem Umfeld gut. Also hör auf, an dir zu zweifeln, und gib dir einfach selbst die Erlaubnis, es zu tun.

Die meisten Menschen scheitern also nicht an ihrer Idee und sie scheitern auch nicht an externen Gründen. Sie scheitern an ihren eigenen Zweifeln. Ich habe versucht, deutlich zu machen, dass es in meinen Augen keinen Grund dafür gibt, etwas nicht wenigstens zu versuchen. Ich musste mich selber irgendwann von all diesen Ausreden trennen. Ich habe einfach zu viele Menschen gesehen, die es »trotzdem« machen, als dass ich mich heute noch mit »Gründen« aus der Verantwortung stehlen könnte. Vielleicht kannst du das für dich jetzt aber (noch) nicht akzeptieren und möchtest daran festhalten, dass es bei dir nicht geht. Bernard Roth schreibt dazu Folgendes: »Gründe sind aufgehübschte Ausreden.« Ich würde das nicht ganz so hart ausdrücken. Manchmal brauchen wir Ausreden, um unser System aufrechtzuerhalten. Das ist temporär okay. Es kann sein, dass du gerade eine solche Ausrede brauchst. Aber dann sei zumindest so ehrlich und gestehe sie dir ein, und versuche langsam, aber konstant damit zu beginnen, das Hindernis mit einem lauten »Trotzdem!« aus dem Weg zu räumen. Noch besser wäre dann sogar, es nicht zu versuchen, sondern es einfach zu machen.

Die Grenzen der Motivation

Einfach machen. Klingt gut, aber wie geht das eigentlich? Und warum haben so viele Menschen – mich eingeschlossen – dann oft so große Schwierigkeiten damit? Warum nehmen so viele Menschen ihre Träume mit ins Grab, obwohl sie deutlich spüren, dass sie wichtig sind? Um Antworten auf diese Fragen zu finden, will ich dahin gehen, wo das Bild des Machers seit Jahrzehnten hochgehalten wird: ins Management. In den Spitzen der Unternehmen und großen Konzerne agieren Personen, die Verantwortung tragen, für andere Menschen und für große Werte. Menschen, die unter hohem Druck entscheiden müssen und für die Risiken zum Alltag gehören. Was also zeichnet solche hochgradig effektiven

Manager aus? Können wir von ihnen lernen, was es heißt »Just do it«? Und wenn ja, was? Bei der Recherche stoße ich auf Waldemar Pelz, Professor für Internationales Management an der Technischen Hochschule Mittelhessen. Pelz geht seit Jahren der Frage nach, welche Fähigkeiten außergewöhnlich erfolgreiche Manager auszeichnen – und was den erfolglosen wiederum fehlt. Dabei kann er auf eine beachtliche Quellenlage zurückgreifen: Mehr als 13 000 Fach- und Führungskräfte hat er nach eigenen Angaben zu dem Thema befragt. Volltreffer, denke ich mir. Wenn einer weiß, was einen Macher auszeichnet, dann er. Sein Fazit:

»Wenn diese außergewöhnlich erfolgreichen Unternehmer etwas verbindet, dann sind es nicht idealistische ›visionäre‹ oder ›charismatische‹ Eigenschaften, sondern die Fähigkeit, Ziele und Motive in messbare Resultate umzusetzen. Deswegen erzielen sie auch mit bescheidenen Mitteln, häufig unter ungünstigen Umständen, überzeugende Ergebnisse.«[9]

Pelz nennt diese Fähigkeit »Umsetzungskompetenz«. Durch sie sind wir in der Lage, Absichten und Ziele systematisch in überzeugende Resultate umzusetzen – auch über Durststrecken hinweg, wenn die Dinge eben nicht so laufen wie geplant. Wirklich erfolgreiche Manager zeichnet also die Fähigkeit aus, Ziele in Ergebnisse umzusetzen, trotz ungünstiger Bedingungen. Umsetzungskompetenz also. Der Begriff klingt für mich erst mal etwas sperrig. Ich habe bisher immer die großen inspirierenden Motivationsgurus als Macher hinter außergewöhnlichen Erfolgen gesehen. Typen wie Jürgen Klinsmann, dessen Kabinenansprachen während der Fußballweltmeisterschaft 2006 legendär sind und für die man auch mal ein paar Meter über glühende Kohlen laufen würde. Und mal ehrlich: Wünscht sich nicht jedes Unternehmen und jede Abteilung so einen Klinsmann, der in schwierigen Situationen allein mit der Kraft der Worte das Team zu Höchstleistungen führt?

Je länger ich mich damit beschäftige, desto mehr fällt mir auf: Der Faktor »Motivation« wird eigentlich in allen Bereichen als der Schlüssel zum Erfolg gehandelt. In der Schule versuchen Lehrer ihre Schüler zu motivieren, Unternehmen schicken ihre Führungskräfte in ein Motivationsseminar nach dem anderen und wenn im Freundeskreis mal wieder jemand erfolglos versucht hat, mit dem Rauchen aufzuhören, heißt es, die Motivation habe halt nicht gereicht. Aber was ist da eigentlich dran? Ist Motivation wirklich der Erfolgsfaktor, für den ihn alle halten?

Zwischen Wollen und Machen

Um das herauszufinden, mache ich einen Ausflug in die Gesundheitspsychologie. Dort geht man der Frage unter Laborbedingungen nach. Die Forscher versuchen herauszufinden, wie man Menschen mit chronischen Leiden wie Diabetes, Migräne oder Rückenschmerzen dazu bringen kann, einen bestimmten Lebensstil konsequent einzuhalten. Wie man es etwa schafft, dass sie bestimmte Medikamente regelmäßig einnehmen, Ernährungspläne einhalten oder Sportübungen machen, um ihre Leiden in den Griff zu bekommen. Für die Frage, was Motivation alles vollbringen kann, bin ich hier genau richtig. Denn diese Patienten bringen all das mit, was man gemeinhin als Voraussetzung betrachten würde, um ein Ziel konsequent umzusetzen: Sie haben gute Gründe, den Rat ihres Arztes zu befolgen, und sind aufgrund des hohen Leidensdrucks auch hoch motiviert. Der erfolgreichen Umsetzung sollte also nichts im Wege stehen. Meint man. Tatsächlich zeigt die Forschung aber das genaue Gegenteil: Eine Studie[10] unter Menschen mit chronischen Rückenschmerzen konnte etwa nachweisen, dass 60 bis 80 Prozent der Patienten die Übungen zur Schmerzreduktion, die sie von ihrem Arzt oder Therapeuten erhalten haben, nicht durchführen – obwohl sie von sich selbst sagen, sehr motiviert gewesen zu sein. Wenn also trotz extrem hoher Anreize keine Verhaltensänderung erfolgt, muss man die Wirkung der Motivation für die Zielerreichung dann nicht infrage stellen? Die Leiter der Studie kommen zu einem sehr eindeutigen Schluss: «Motivation ist nicht ausreichend, um eine Aktion auszulösen.«[11]

Es spricht also einiges dafür, dass die Motivationsgurus uns in ihren Pep-Talks nur die Hälfte der Wahrheit erzählen. Denn was die Forscher in ihren Studien jeweils nachweisen konnten, bestätigt eine Erfahrung, die die meisten von uns sicher aus dem Alltag kennen: Wir wissen, dass wir regelmäßig Sport machen sollten, tun es aber nicht. Wir wollen im Sommer am Strand mit einer tollen Figur glänzen, können aber dennoch das Naschen nicht lassen. Wir wissen, dass wir für eine gute Note in der Prüfung lernen müssen, schauen aber lieber weiter Netflix. Letztlich läuft es doch darauf hinaus: Das Wissen ist da und auch die Anreize stimmen. Dennoch schafft man es nicht, in die Umsetzung zu kommen. Und der Grund dafür ist keineswegs, dass wir nicht genug motiviert sind, wie die Studien klarstellen: Die Patienten gehen hoch motiviert und gut geschult nach Hause und machen – nichts. Obwohl sie es besser wissen, fallen sie in alte Muster zurück und verlieren ihr Ziel aus den Augen.

In der Psychologie spricht man daher vom »Intention-Behavior-Gap«. Der Begriff besagt, dass eine gute Absicht in den allermeisten Fällen nicht zur Umsetzung führt. Wichtig ist: Es liegt nicht daran, dass wir zu dumm, zu faul, zu schlecht et cetera sind. Wenn wir nicht in die Umsetzung kommen, sind wir sehr wahrscheinlich auf etwas gestoßen, das die Gesundheitspsychologen als »Barrieren« bezeichnen. Ich nenne es Alltag: schlechtes Wetter, kranke Kinder, Überstunden, Besuch von der besten Freundin, Schnupfen und so weiter. Das Leben ist in Wirklichkeit eben etwas komplizierter, als wir es uns manchmal ausmalen. Das heißt aber nicht, dass man es nicht schaffen kann. Ich will dir deshalb eine Geschichte erzählen, die sich vor über 2000 Jahren an einem Fluss im heutigen Norditalien abgespielt hat.

Die andere Seite des Flusses

Am 10. Januar des Jahres 49 vor Christus steht der römische Feldherr Julius Caesar mit einem Heer von etwa 5000 Legionären am Ufer des Rubikon und schaut auf die gegenüberliegende Seite. Der Feldherr ist aus dem weit entfernten Gallien gekommen und will nun zurück nach Rom. Das darf er aber nicht, denn der römische Senat verbietet es ihm. Der Rubikon markiert die Grenze zwischen den nördlichen Provinzen und dem römischen Kernland. Eine Grenze, die Rom heilig ist. Überquert ein Heer sie ohne Zustimmung des Senats, bedeutet das Krieg. Und Caesar weiß das. Wenn er den Rubikon mit seinen Soldaten überschreitet, gibt es keinen Weg zurück, und Rom wird ihm den Krieg erklären. Mit dem berühmten Ausspruch *Alea iacta est* (Der Würfel ist gefallen) entscheidet sich Caesar dann aber dennoch und überschreitet mit seinem Heer den Fluss.

Was die Überquerung des Rubikons für das Römische Imperium bedeutet, kann man in den Geschichtsbüchern nachlesen. Für Caesar persönlich wurde sie zum Point-of-no-Return. Der Moment, in dem er nicht nur eine territoriale Grenze überschreitet, sondern damit auch die Grenze zwischen Wunsch und Wirklichkeit. Mit der Überquerung des Rubikons wird aus einer bloßen Möglichkeit pure Gewissheit, aus der einmal gefassten Absicht eine konkrete Handlung. Caesar und sein Herr marschieren Richtung Rom. In der Motivationspsychologie steht das Bild von Cäsar am Rubikon heute unter anderem für die Erkenntnis, dass motivationale Prozesse allein eben nicht ausreichend sind. Einfach nur auf der sicheren Seite des Rubikons zu stehen und von Rom zu träumen, verändert rein gar nichts. Man muss sich irgendwann schon auf den Weg machen. Lange Zeit ging man jedoch in der Psychologie davon aus, dass – vereinfacht gesagt – mit der nötigen Portion Motivation eine Handlung automatisch bis zum Schluss umgesetzt wird. Ein Glaube, der sich auch heute noch hartnäckig hält. Wenn ich etwa in Unternehmen mit Führungskräften spreche, wird mangelnde Umsetzungskompetenz immer noch damit erklärt, dass ein Mitarbeiter eben nicht motiviert genug sei. Auch die abgebrochene Diät oder der erneute Fehlversuch, mehr Sport zu machen, werden damit erklärt, dass es an Motivation fehlt. Es braucht aber noch eine weitere Kraft, mit deren Hilfe wir unseren Wunsch auch umsetzen und zu Ende bringen können: die Volition, die Kraft des Willens. Motivation und Volition unterscheiden sich wie folgt:

»Motivation verharrt im sprunghaften Zustand des Wunsches zur Handlung, sich von bestimmten Möglichkeiten angezogen zu fühlen oder sich verlocken zu lassen, bestimmte Verhaltensweisen auszuleben. Willenskraft geht einen entscheidenden Schritt weiter. (…) Willenskraft entspringt einer bewussten Entscheidung, eine konkrete Absicht in die Tat umzusetzen. Diese Bindung an ein bestimmtes Ziel – etwas nicht nur zu tun, sondern es auch zu erreichen – ist das Eingreifen des menschlichen Willens.«[12]

Doch nicht alle Handlungen erfordern die Kraft unseres Willens. Einen Apfelkuchen können wir auch ohne Willenskraft verputzen, bei der Steuererklärung hingegen haben wir sie dringend nötig. Die Willenskraft springt immer dann ein, wenn wir Schwierigkeiten und Hindernissen ausgesetzt sind. Heike Bruch und Sumantra Ghoshal beschreiben es so: »Ambitionierte Ziele, Projekte mit langem Zeithorizont, hoher Unsicherheit, extreme Gegensätze – solche Umstände brauchen und stimulieren unsere Willenskraft.«[13]

Motivation ist also eine wichtige Voraussetzung, um sich auf ein bestimmtes Ziel zu verpflichten. Damit ist es aber nicht getan. Entscheidend ist, dass eine weitere Kraft hinzukommt: die Volition, die uns bei der Umsetzung unseres Ziels unterstützt. Wie für Cäsar macht erst der Schritt von der einen auf die andere Seite den Unterschied, der den Träumer vom Macher unterscheidet. Der Rubikon steht damit für eine Grenze, die durch unser aller Leben verläuft: nämlich der Moment, in dem das Nachdenken, das Abwägen und

Zögern ein Ende hat und in ein aktives, fokussiertes und zielorientiertes Handeln übergeht. Wir alle tragen unser eigenes Rom in uns, stehen irgendwann an unserem ganz persönlichen Rubikon und blicken mit unseren Wünschen, Sehnsüchten und Begierden auf das gegenüberliegende Ufer. Wir sehen dort Möglichkeiten, vielleicht auch Gefahren. Wir denken darüber nach, umzukehren, das vermeintliche Risiko zu meiden und den Weg der Sicherheit zu wählen. Aus dem Coaching weiß ich, dass viele, die sich für die Umkehr entschieden haben, immer wieder an den Fluss zurückkehren und mit Sehnsucht und Bedauern auf das schauen, was möglich gewesen wäre. Was hätte sein können. Sie haben ihren Rubikon nie überschritten, aber er lässt sie auch niemals wirklich los. Fakt ist: Um herauszufinden, was auf der anderen Seite liegt, müssen wir die sichere Seite, unsere Komfortzone, verlassen, eine Entscheidung fällen und losgehen. Wir können diese Grenze überschreiten und unser Rom erreichen. Und manchmal braucht es dafür nur einen allerersten kleinen Schritt.

Phase 2: Machen

Herzlich willkommen auf der anderen Seite des Flusses. Herzlich willkommen unter den Machern! Hier wird nicht mehr nur nachgedacht, geplant und geprüft – hier wird umgesetzt. Mit dem Erreichen dieser Phase haben wir einen ganz wichtigen und zugleich schwierigen Sprung gemacht: Wir sind unterwegs in Richtung Ziel. In der Metapher des Bergsteigers sind wir jetzt am Berg. Alles, was wir im Vorfeld geplant haben, wird jetzt Wirklichkeit. Wir können es mit Händen greifen, es riechen, schmecken, sehen und hören – während die große Mehrheit noch immer am Rubikon steht und grübelt: Soll ich oder soll ich nicht? Was wäre wohl der beste Weg? Wie und wann fange ich an? Wer ins Tun kommt, der sollte das also zuallererst genießen. Dinge bewegen sich. Erfolge werden eingefahren. Neue Möglichkeiten entstehen. Die beiden Autoren Tom und David Kelley beschreiben das in ihrem Buch »Creative Confidence« als den »Do Something-Mindset«. Menschen, die in diesem Mindset leben, zeichne vor allem aus, dass sie keine passiven Beobachter mehr sind, sondern sich auch in unangenehmen und schwierigen Situationen niemals wie eine Spielfigur fühlen:

»Sie schreiben das Drehbuch ihres Lebens selbst und haben dadurch einen größeren Einfluss auf die Welt um sie herum. Solche Menschen erkennen, dass das Warten auf den perfekten Plan ewig dauern würde. Deshalb handeln sie und gehen voran, auch in dem Wissen, dass sie nicht immer richtig liegen werden.«[14]

Kurz: Machen macht einfach riesengroßen Spaß. Viele Menschen erleben genau hier den Zustand von Flow, also die absolute Fokussierung auf das, was sie gerade tun, einhergehend mit dem Gefühl, Zeit und Raum zu vergessen. Eines der zentralen Elemente dieser Phase des Machens ist das Erleben von Fortschritt. Wir sind in Bewegung, verändern, gestalten aktiv und vor allem mit sichtbaren Ergebnissen. Aber so schön es ist, in Aktion zu sein, es birgt auch eine Gefahr. Zu viele Menschen denken jetzt, nur weil sie in Aktion sind, erreichen sie ihr Ziel ganz von alleine. Schön, wenn es so einfach wäre. Das würde bedeuten, dass wir mit der Anmeldung im Fitnessstudio oder als frisch gebackener Unternehmer geradewegs auf Erfolgskurs wären. Tatsächlich ist Machen aber noch lange nicht Erreichen. Das wird spätestens dann klar, wenn die ersten Widerstände auftauchen: Wenn der Trainingsplan im Fitnessstudio langweilig wird oder die Aufträge für die neue Firma ausbleiben. Manchmal tauchen auch neue Ideen und Wünsche auf, die um unsere Aufmerksamkeit buhlen und uns von der Umsetzung unseres ursprünglichen Ziels ablenken. Für viele ist dieser Moment wie das Gefühl, vor eine Wand zu laufen. Umso größer die eigene Euphorie im Vorfeld ist, umso härter wird der Aufprall, wenn der erste Rückschlag da ist. Enttäuschung macht sich breit: Wieder nicht geklappt. Schuldgefühle kommen hinzu: Ich bin einfach nicht gut genug, um es zu schaffen.

Das Umfeld auf Erfolg programmieren

Vielleicht kennst du solche Momente ja selber aus der Vergangenheit. Man hat gerade Tempo aufgenommen, es läuft alles super, und man genießt den Augenblick. Und dann wird man mitten in der Fahrt hart ausgebremst. Aber muss das wirklich sein? Und sind diese Hindernisse, die dann auftauchen, wirklich so überraschend und unvorhersehbar? Ich meine, sie sind es nicht. Ein Ziel strategisch anzugehen, bedeutet in meinen Augen auch, mögliche Schwierigkeiten frühzeitig einzukalkulieren. Und wann wäre der Moment günstiger, als jetzt, wo man gerade mit so viel positiver Energie ausgestattet ist? Kluge Köpfe lassen sich also nicht überraschen und planen in guten Zeiten, wie sie auf Störungen und Hindernisse in der Zukunft reagieren werden. Sie bereiten sich vor. Indem sie zum Beispiel dafür sorgen, dass sie gar nicht erst in eine brenzlige Situation geraten. Dazu zählt etwa die Kontrolle deiner Umgebung und deiner Aufmerksamkeit. Die Idee dahinter: Du bestimmst selbst, ob dich Störungen erreichen und was deine Aufmerksamkeit bindet. So berichtet mir der ehemalige Spitzenturner und zweifache Goldmedaillen-Gewinner Max Finzel im Gespräch für dieses Buch, dass er im Rahmen einer Wettkampfvorbereitung bewusst alle denkbaren Störfaktoren aus seinem Umfeld eliminiert hat: »Ich hatte etwa jahrelang keinen Fernseher, weil ich meine Zeit und Aufmerksamkeit einfach nicht an etwas verschwenden wollte, das mich von meinen sportlichen Zielen abgelenkt hätte.«

Biergarten, Fernsehabend, Facebook – bestimmt könnte man mit genug Willenskraft allen denkbaren Ablenkungen eine Absage erteilen. Aber mit der Willenskraft ist das so ein Sache. Sie ist nämlich eine begrenzte Ressource. Wie ein Muskel, der nach intensiver Nutzung irgendwann nicht mehr kann und Erholung braucht.

Wir sollten also sparsam mit unserer Willenskraft umgehen, der Moment wird kommen, da wir sie dringend brauchen. Mache es dir stattdessen leicht, auf Kurs zu bleiben, und versuche, mögliche Störungen bereits im Vorfeld zu minimieren. Oder du gehst den umgekehrten Weg: Anstatt eine Versuchung zu eliminieren, kannst du den Aufwand erhöhen, ihr nachzukommen. Ein einfaches Beispiel: Wenn du dir vornimmst, weniger Süßigkeiten zu essen, könntest du natürlich mit eisernem Willen der Versuchung trotzen, zum Vorratsschrank zu gehen und dich zu bedienen. Das würde dich vermutlich aber viel Kraft kosten und am Ende vielleicht dennoch nicht funktionieren. Mach es dir leichter, indem du es dir schwer machst! Versuche es so unwahrscheinlich wie möglich zu machen, dass du der Versuchung nachkommst. Lagere die Schokolade also nicht zu Hause, sondern an Orten, die du nicht so leicht erreichst – etwa in einer Tankstelle. Ja, wirklich! Sieh es einfach so: Die Tankstelle lagert für dich deine Schokolade. Um daranzukommen, musst du sie aber noch dort abholen und bezahlen. Dadurch ist sie gleich mit zwei Hürden gesichert: Zum einen musst du die Ware zu einem deutlich höheren Preis als im Supermarkt kaufen. Zum anderen erhöhst du den Aufwand, um an das Objekt deiner Begierde zu gelangen. In der Spieltheorie werden solche Strategien als *Selbstbindung* bezeichnet. Wie Odysseus, der sich selber an den Mast bindet, um dem Gesang der Sirenen zu widerstehen, müssen wir uns manchmal eben vor uns selber schützen. Indem wir uns selber einschränken, erhöhen wir die Wahrscheinlichkeit, einer Absicht oder einem Ziel trotz Ablenkung und Versuchungen treu zu bleiben. In die Phase des Machens gehört also unbedingt die Prävention vor dem Scheitern. Wir wissen, auch wenn es jetzt gut läuft, früher oder später wird sich das ändern. Darauf bereiten wir uns jetzt vor und gehen gut gerüstet in die nächste Phase. Und wenn du dennoch scheiterst? Es gibt einen Trick, wie man trotz Rückfällen und Schwächephasen dennoch verhindert, nicht gleich ganz aufzugeben. Und den zeige ich dir jetzt.

Barriere 2: Dranbleiben

Im vorhergehenden Abschnitt habe ich dir gezeigt, dass du eine Menge dafür tun kannst, die Möglichkeit deines Scheiterns bereits im Vorfeld deutlich zu verringern. Natürlich können aber trotzdem Dinge geschehen oder Situationen eintreten, mit denen du einfach nicht gerechnet hast oder nicht rechnen konntest. Die Fähigkeit damit umzugehen, ist entscheidend. Denn nun kommt es darauf an, dass aus einem einmaligen Ereignis kein endgültiger Abbruch wird. Denn genau das passiert in den allermeisten Fällen. Da werden Diäten abgebrochen, weil man dem Heißhunger auf Eis mit Sahne einmal kurz nachgegeben hat. Da werfen Gründer nach einem erfolglosen Produktlaunch das Handtuch, weil die Kunden nicht gleich in Begeisterung ausbrechen. Da wird aus der kurzen Erkältungspause beim Sport gleich eine mehrere Monate andauernde Auszeit. Die Fähigkeit, solche Erlebnisse konstruktiv zu verarbeiten und sich davon nicht vom Kurs abbringen zu lassen, ist daher ganz entscheidend für die Fortsetzung deines Weges. Es hat also weniger mit den Rückschlägen an sich zu tun, sondern viel mehr damit, wie wir sie bewerten. Wichtig ist hier, sich selber zuzugestehen, dass so ein Ausrutscher einfach dazugehört.

John C. Norcross, der Neujahrsvorsätze-Forscher, vergleicht das mit dem Kind, das lernt, Fahrrad zu fahren. Auf den ersten Metern tut es das noch ziemlich wackelig und muss sich öfter mal mit den Füßen abstützen. Würde man ihm aber deshalb gleich dazu raten, ganz aufzugeben? Nein! Man freut sich über jeden Meter, den es ohne die Hilfe der Eltern vorwärtskommt. Die Tatsache, dass wir zu sicheren und routinierten Radfahrern werden, liegt eben daran, dass wir uns auf dem Weg dahin auf die Erfolge fokussieren und die Ausrutscher der ersten Meter als Teil des Prozesses begreifen. Norcross hat bei den Menschen, die ambitionierte Verhaltensänderungen auf lange Sicht erfolgreich umgesetzt haben, eben jene Fähigkeit entdeckt: ein kurzes Wanken und Wackeln nicht mit einem gänzlichen Scheitern gleichzusetzen. Mehr noch: 70 Prozent der extrem erfolgreichen Veränderer sagen sogar von sich, dass ein erster Ausrutscher sie sogar darin bestärkt hätte, weiterzumachen.[15] John C. Norcross unterscheidet also einen Ausrutscher vor einem Rückfall:

»Auszurutschen, bedeutet nicht gleich, zu stürzen. Es ist ein einmaliges Problem, während ein Sturz bedeutet, sein Ziel völlig aus den Augen zu verlieren. Erst wenn aus der einmaligen Portion Vanilleeis am Abend eine Gewohnheit wird, sprechen wir von einen Rückfall. Ein einmaliges Ausrutschen ist noch lange kein Scheitern.«[16]

Ich finde diese Unterscheidung enorm wichtig. Die meisten Menschen wissen gar nicht, was echtes Scheitern ist. Sie bewerten schon kleinste Widerstände als komplette Niederlage und geben viel zu früh auf. Wenn dir ein Ausrutscher passiert, nimm den Moment zum Anlass und bereite dich auf das nächste Mal vor, damit du, wenn du in eine ähnliche Situation kommst, gewappnet bist. Lerne, werde besser und vor allem: Mach einfach weiter.

Kopf gegen Bauch

Manchmal müssen wir für das Erreichen unseres Ziels etwas tun, das einfach nicht unser Ding ist. Eine befreundete Gründerin liebt es beispielsweise, ihren Firmenauftritt im Internet oft neu zu gestalten und lässt sich immer neue Marketingideen einfallen. Aber wenn es um Buchhaltung und Finanzen geht, kann sie sich einfach nicht überwinden. In diesen Momenten liegen Kopf und Bauch miteinander im Clinch. Der Kopf sagt zwar: »Buchhaltung ist ein wichtiger Teil des Unternehmertums.« Aber der Bauch kontert: »Marketing macht viel mehr Spaß.« Fakt ist: Um ein Ziel zu erreichen, können wir nicht immer nur unserem Bauch folgen. Wer es nicht schafft, auch unliebsame Aufgaben zu erledigen, wird früher oder später scheitern.

Eine Methode, die sich in solchen Fällen als erfolgreich erwiesen hat, sind positive Fantasien. Stell dir dafür möglichst sinnlich das gute Gefühl vor, wenn du die ungeliebte Arbeit erledigt hast. Wie du die Geldflüsse deines Unternehmens viel besser verstehst, weil du eine saubere Buchhaltung hast. Negative Fantasien – also die Furcht vor den Konsequenzen – können übrigens auch motivieren, eine ungeliebte, aber notwendige Arbeit zu erledigen. Etwa die Vorstellung einer Betriebsprüfung durch das Finanzamt.

Neben fehlender Motivation sind es aber auch oft Emotionen, die dir im Weg stehen und dich daran hindern, an deinem Ziel festzuhalten. Das kann Trauer sein, Wut oder die Angst, einer bestimmten Aufgabe nicht gewachsen zu sein. In solchen Situationen kann es notwendig sein, deinen Gefühlen nicht freien Lauf zu lassen. Auch wenn sonst natürlich gilt, negative Emotionen nicht zu unterdrücken, in diesen Fällen ist es hilfreich, ihnen für den Moment nicht zu viel Raum zu schenken. Das heißt nicht, dass du sie dauerhaft ignorieren sollst. Aber vielleicht ist gerade jetzt nicht der richtige Zeitpunkt dafür. Versuche stattdessen möglichst positive Gefühle aufzubauen, indem du die Erfolge gedanklich rekapitulierst, die du schon erreicht hast, und das tolle Gefühl auskostest, wie es sein wird, am Ziel anzukommen.

Es geht voran

Aus der Wissenschaft wissen wir, dass eines der besten Mittel, um Motivation langfristig aufrechtzuerhalten, das Erleben von Fortschritt ist. Zu sehen und zu spüren, es geht voran, macht Lust und Mut auf den nächsten Schritt. Jeder kennt doch das gute Gefühl, eine To-do-Liste Punkt für Punkt abzuhaken und am Ende des Tages schwarz auf weiß zu sehen, was man in den letzten Stunden alles erreicht hat. Zu sehen, es geht weiter und ich habe darauf Einfluss, ist ein zutiefst menschliches Bedürfnis – das viele Menschen im Berufsleben leider viel zu selten erleben.

Manchmal machen wir uns das Leben selber schwer, indem wir uns schlicht zu große Ziele setzen. Du willst dein Haus renovieren? Dann fang lieber damit an, ein Zimmer zu streichen, freue dich am Abend über deinen Erfolg, und nimm dir am nächsten Tag ein neues Zimmer vor. Wenn du so vorgehst, verfolgst du die Strategie der kleinen Ziele oder *Small Wins*, wie sie in der Psychologie genannt werden. Die Idee dahinter ist so simpel wie effektiv: Indem ich auf meinem Weg permanent (kleine) Erfolge feiere, gebe ich mir selber immer neue Gründe und Bestätigung weiterzugehen und an meinem großen Ziel festzuhalten. Ein Beispiel: Im Studium wollten zwei Freundinnen von mir unbedingt lernen, Gitarre zu spielen. Die eine war ein großer Fan von U2 und hatte es sich in den Kopf gesetzt, ihr Lieblingslied auf der Gitarre spielen zu können. Natürlich möglichst originalgetreu. Sie ist hoch motiviert gestartet, hat sich die Noten besorgt und die ersten Tage jeden Abend mehrere Stunden geübt. Die andere Freundin verfolgte einen anderen Ansatz: Sie wollte jede Woche einen neuen Akkord lernen – wenn sie das erreicht hatte, war sie schon zufrieden. Nach ein paar Wochen waren beide Frauen, die mit dem gleiche Ziel und der gleichen Motivation gestartet sind, meilenweit voneinander entfernt. Die erste war total frustriert, weil sie (natürlich) nicht in der Lage war, den Song so zu spielen, wie sie es sich gewünscht hatte. Jede Übungsstunde wurde für sie zum erneuten Scheitern, und der Frust wuchs und wuchs. Nach ein paar weiteren Wochen hat sie es hingeschmissen. Die andere Freundin hingegen hatte nach einiger Zeit eine Hand voll Akkorde im Repertoire, die sie sicher und ohne Fehler greifen konnte. Mit jeder Woche konnte sie also mehr und mehr Lieder spielen und genoss das Gefühl, das Instrument immer besser zu beherrschen. Ich habe damals gelernt, dass man große Ziele vor allem über viele kleine Erfolge erreicht. Oder wie es Greg McKeown in seinem Manifest der Einfachheit schreibt:

»Anstatt alles auf einmal und sofort erreichen zu wollen und dabei zu verglühen, sollten wir klein anfangen und den Fortschritt zelebrieren. Statt die großen glitzernden Erfolge anzustreben, halten wir uns lieber an die kleinen und einfachen Siege.«[17]

Der Schweizer Unternehmer und Gründer Andy Keel berichtet mir in dem Zusammenhang, wie er den Ansatz der Small Wins umsetzt: »Ich halte nicht so viel vom Big Bang. Ich versuche lieber jeden Tag und jede Woche, etwas besser zu machen, einen Prozess oder ein Produkt. Oder ich setze alles daran, um einen neuen Kunden zu gewinnen.« Wenn du jeden Tag mit einem solchen kleinen Sieg beenden kannst, wirst du dich darauf freuen, dieses Gefühl am nächsten Tag zu wiederholen. Und dabei, Erfolg für Erfolg, das erleben, was wir so dringend brauchen: das Erlebnis von Fortschritt.

Phase 3: Erreichen

Auf den ersten Blick war der kleine Junge, der in den 1970er Jahren auf den Aschenplätzen des Tennisclubs Blau-Weiß Leimen die gelben Bälle über das Netz schlug, wohl nichts Außergewöhnliches. Oder um es mit den Worten seines späteren Trainers zu sagen: »Er war zu schwach, er hatte Babyspeck, ein richtiges Bäuchlein, dicke und schwerfällige Beine.«[18] Manchmal musste er mit den Mädchen trainieren, weil man ihm sagte, die anderen Jungs seien zu gut für ihn. Der Junge, von dem hier die Rede ist, hört auf den Namen Boris Becker. Daran, dass er einmal zu einem der erfolgreichsten Tennisspieler der Welt aufsteigen wird, hätte damals wohl niemand so recht geglaubt. Heute ist seine Bedeutung für den deutschen Tennissport unbestritten. Was aber führte dazu, dass dieser kleine Junge, dem sein Trainer jegliche Voraussetzung für Erfolg abspricht, ein paar Jahre später, im Alter von nur 17 Jahren, zum ersten deutschen und jüngsten Wimbledon-Sieger aller Zeiten wurde? Ich frage mich: Wie kann das gehen, wie kommt man vom Mittelmaß zur Weltspitze?

Eine Antwort auf diese Frage könnte die Forschung von Angela Duckworth liefern. Duckworth ist Professorin für Psychologie an der University von Pennsylvania und hat sich auf die Spur außergewöhnlich erfolgreicher Menschen und den Gründen für ihre Erfolge gemacht. Den Ausschlag für ihre Studien gab eine Beobachtung, die sie einige Jahre zuvor als Lehrerin an öffentlichen Schulen in New York mit Kindern und Jugendlichen gemacht hatte. Duckworth stellte dabei immer wieder fest, dass viele ihrer erfolgreichsten Schüler in Intelligenztests sehr oft im Mittelfeld landeten. Diejenigen mit besonders hoher Intelligenz hingegen, konnten mit ihren Leistungen im Unterricht oft nicht überzeugen. Duckworth nahm diese Beobachtung auf und machte sie zum Mittelpunkt ihrer Forschungen. Ihre Frage: Was machte den Erfolg dieser Schüler aus, wenn es so etwas wie Talent nicht war? Duckworth suchte die Antwort an Eliteschulen, Militärakademien und in Weltkonzernen – also überall dort, wo Menschen in besonders herausfordernden Situationen außergewöhnliche Leistungen vollbrachten. Das Ergebnis ihrer Suche ist durchaus faszinierend: Sie identifizierte eine einzige Eigenschaft, die Erfolg in all diesen unterschiedlichen Kontexten vorausgeht: *Grit*. Laut Angela Duckworth der einzige und entscheidende Faktor, der Erfolg sicher voraussagen lässt – weit vor anderen Dingen wie Intelligenz, gutem Aussehen oder körperlicher Gesundheit. Was genau sie darunter versteht, erklärt sie wie folgt: »Grit ist die Leidenschaft und Ausdauer für langfristige Ziele. Grit ist Durchhaltevermögen. Grit ist, sich an seinen Plan zu halten, jeden Tag, nicht nur für eine Woche oder einen Monat, sondern für Jahre und hart daran zu arbeiten, dass diese Zukunft Realität wird.«[19]

Wie gut man in etwas ist, hänge laut Duckworth weit weniger davon ab, wie viel Talent man für eine bestimmte Aufgabe mitbringe: «Unser Potenzial ist eine Sache. Was wir damit machen, ist etwas ganz anderes.«[20] Und ja, natürlich ist Talent eine wichtige Zutat für Erfolg, aber eben noch lange kein Garant dafür. Viel entscheidender ist es, ob wir dazu in der Lage sind, an einer Sache dranzubleiben und auch bei Widerständen nicht gleich aufzugeben. Das bestätigt mir auch Dr. Daniela Heinze. Sie weist darauf hin, dass Exzellenz in vielen Fällen nicht durch eine besondere Gabe entstehe, sondern vielmehr durch ausgiebiges und permanentes Üben.[21] Und auch ich würde sagen, dass der heutigen Erfolg unserer eigenen Firma zu großen Teilen darauf zurückzuführen ist, dass wir mit viel Hartnäckigkeit unserer Idee die Treue gehalten haben, drangeblieben sind und uns stetig verbessert haben, während andere um uns herum bei Widerständen aufgaben. Im Umkehrschluss steckt in den Untersuchungen Duckworths also noch eine weitere, ganz wichtige Botschaft: Du kannst erfolgreich sein mit deinem Traum, auch wenn du vielleicht nicht die oder der Beste auf deinem Gebiet bist. Viel entscheidender ist es, einfach einmal loszulegen und dann bis zum Schluss dranzubleiben. *Grit* also. Eine Fähigkeit, die ich viel zu selten beobachte. In der Start-up-Szene etwa sehe ich immer wieder neue Gründer, die mit großer Leidenschaft für ihre Idee antreten. Wie bei vielen neuen Projekten macht ja auch gerade der Anfang besonders Spaß: Man fantasiert die spannende Zukunft, man möchte andere mit der eigenen Begeisterung anstecken und würde am liebsten seine ganz Zeit mit dem neuen Projekt verbringen. Was dann kommt, ist oft nicht so schillernd: Alltag, Rückschläge, Zweifel, Langeweile, Enttäuschungen und so weiter. Es ist sehr einfach, für etwas zu brennen, aber sehr schwer, dieses Feuer aufrechtzuerhalten. Oder wie Angela Duckworth schreibt: »Enthusiasmus ist weit verbreitet, Ausdauer ist selten.«[22]

Der zweite Marshmallow

Erfolgreich sein bei der Verwirklichung seiner Träume, Ziele und Ideen hat also viel mit Durchhaltevermögen zu tun. Einen langen Atem haben und auf Kurs bleiben, komme, was da wolle. Doch warum ist es oft so schwer für uns, den Ball in der Luft zu halten? Eine spannende Antwort darauf hat der Neuropsychologe Walter Mischel an der Columbia-Universität gefunden. Als »Stanford Marshmallow Experiment« ist eine Reihe von Studien Mischels bekannt geworden, die sich dem Thema Durchhaltevermögen gewidmet hat. Das Prinzip des Experiments ist schnell erklärt: Mischel setzte Schulkinder vor einen Marshmallow und versprach ihnen, dass sie einen zweiten erhalten, wenn sie den ersten Marshmallow 20 Minuten lang nicht anrühren würden. Die Kinder hatten also die Wahl zwischen einem Marshmallow jetzt oder zwei Marshmallows später. Einige Kinder aßen den ersten sofort oder scheiterten nach wenigen Minuten an der Verlockung. Andere hielten aber durch und konnten der Versuchung über den gesamten Zeitraum widerstehen. Sie hatten sich mit ihrer Geduld zwei Marshmallows verdient. Und jetzt wird es interessant: Mischel beließ es nicht bei dem Experiment, sondern beobachtete die Kinder aus den Studien in den folgenden Jahren weiter und kam zu einem erstaunlichen Ergebnis: Diejenigen, die es damals schafften, auf den zweiten Marshmallow zu warten, waren später erfolgreicher in Beruf und Privatleben.[23] Mischel leitet daraus die These ab, dass eine starke Willenskraft und die Fähigkeit, sich auf langfristige Ziele zu konzentrieren, einen unmittelbaren Einfluss darauf haben, wie zufrieden wir unser Leben gestalten. In der Psychologie spricht man dabei vom *Belohnungsaufschub*, also der Fähigkeit, eine größere Belohnung, die später erfolgt, einer kleineren, aber sofortigen vorzuziehen.

Was das im Alltag bedeutet, erleben wir in der Beratung in vielen Ausprägungen. So kam etwa ein Klient mit dem Ziel ins Coaching, vom Teamleiter zum Abteilungsleiter aufzusteigen. Seine Vorgesetzten hatten ihre Zustimmung bereits signalisiert, ein Problem gab es aber noch: Unser Klient war ein Quereinsteiger, der fachlich zwar viel von seinem Job verstand, aber in Sachen Managementtheorie einiges nachzuholen hatte. Er schrieb sich also für das MBA-Programm einer Fernuniversität ein, kam aber nie wirklich zum Lernen. Mehrere Klausuren hatte er schon verpasst und merkte nun, dass er ein ernsthaftes Problem hatte. Anstatt am Abend und am Wochenende noch zu büffeln, traf er sich lieber mit potenziellen Kunden, ging zum Sport oder fand andere Dinge, die ihm wichtiger erschienen. Sein Problem, das wurde sehr schnell klar, war der zweite Marshmallow. Die Belohnung (seine Beförderung) war einfach zu weit weg, als dass sie ihn dazu motivierte, abends oder am Wochenende über den Büchern zu sitzen. Die Treffen mit den Kunden und der Sport gaben ihm stattdessen ein direktes, positives Gefühl. Dieser schnelle Kick war einfach zu haben, während die Aussicht auf die Beförderung sehr weit weg schien. Sie war der zweite Marshmallow – auf ihn zu warten, würde sich vielleicht lohnen, aber die Verlockungen im Hier und Jetzt waren einfach stärker.

In den folgenden Sitzungen erstellten wir ein Lösungspaket, das ihm dabei helfen sollte, das unliebsame Lernen zu erleichtern, und nutzten dafür unter anderem einen Ansatz, den Katherine Milkman, Verhaltensforscherin an der Wharton Business School der Universität Pennsylvania, entwickelt hat. Milkman hat ein Konzept entwickelt, mit dem man positive Verhaltensänderungen erzielen kann, ohne unterwegs den vielen Versuchungen des Alltags zu erliegen. Sie nennt es *Temptation-Bundling*[24]. Und das funktioniert so: Man verbindet zwei Aktivitäten miteinander, eine, die wir besonders gerne tun, und eine, die wir nur ungern machen. Angenommen etwa, man ist ein Sportmuffel, aber ausgewiesener Serien-Junkie. *Temptation-Bundling* würde bedeuten, die beiden Dinge zu verbinden: also die Lieblingsserie nur noch auf dem Laufband im Fitnessstudio zu schauen und damit zwei Fliegen mit einer Klappe zu schlagen. Man fühlt sich nicht mehr schuldig, weil man seine Zeit mit *Game of Thrones* verbringt, und die Zeit im Studio würde gleichzeitig wie im Flug vergehen. Andere Beispiele für die Methode wären etwa, den Lieblings-Podcast nur dann zu hören, während man das E-Mail-Postfach aufräumt oder einen leckeren und gesunden Salat ist. Oder man erlegt es sich selbst auf, dass man nur noch mit der besten Freundin telefoniert, während man einen langen Spaziergang in der Natur macht. *Temptation-Bundling* kann also ein sehr wirkungsvoller Ansatz sein, um Umsetzungsprozesse zu hacken und eine unliebsame Aufgabe, oder

Teile einer solchen, hinter sich zu bringen. Überlege dir doch mal, welche Dinge du ungern machst und immer wieder aufschiebst und wie du sie mit einer für dich positiven Aktivität verknüpfen kannst.

Alte Werte, neue Fragen

Ich bin mir sicher, dass es auch in deinem Leben so einen zweiten Marshmallow gibt. Etwas, auf das es sich zu warten lohnt. Etwas, das Ausdauer erfordert und die Fähigkeit, Nein sagen zu können. Doch immer in dem Wissen, dass wir es *für* etwas tun, das wir uns selber ausgesucht haben und das wir wirklich wollen. Der zweite Marshmallow kann für die großen und oftmals wichtigen Ziele in unserem Leben stehen, die wir für die kleinen Vergnügen opfern. Oder er steht für die Fähigkeit, Zeit, Geduld und Arbeit zu investieren und dadurch später umso mehr belohnt zu werden. Denn die Fähigkeit, ein Vorhaben vom Start bis zum Ziel zu verfolgen, verlangt eben auch Eigenschaften wie Disziplin und Ausdauer. Nicht immer und nicht über den gesamten Prozess. Aber seien wir mal realistisch: In bestimmten Phasen hilft eben nur, die Zähne zusammenzubeißen und weiterzugehen.

Inga Orlowski, die du im nächsten Kapitel kennen lernen wirst, sagte mir hierzu Folgendes: »Viele Dinge, die ich erreicht habe, habe ich mir durch Fleiß, Konsequenz und Beständigkeit erarbeitet.« Ich habe heute oft das Gefühl, dass wir in einer Zeit leben, in der solche Eigenschaften nicht besonders angesagt sind. Sie wirken irgendwie leicht angestaubt. Wir wollen, dass unser Leben stattdessen immer begeisternd und spaßig ist. Wir suchen nach Leichtigkeit, nach einfachen und schnellen Lösungen. Aber die gibt es eben nicht immer. Ich bin aber davon überzeugt, dass die andere, die schwere Seite, ebenso dazugehört. Nur wenn wir das annehmen, sind wir in der Lage, durch die stürmischen Phasen zu navigieren und anschließend wieder in ruhiges Fahrwasser zu kommen und unser Ziel schließlich zu erreichen.

Kommen wir zum Ende dieses Kapitels noch einmal auf Al Neuhard zurück, den Erfinder der *USA Today*. Neuhard musste zehn Jahre warten, bis sich herausstellte, dass er mit seiner Vision auf dem richtigen Weg war. In dieser Zeit musste er den Spott der Konkurrenz und sicher auch den ein oder anderen Zweifel aushalten, der ihn in einem stillen Moment ereilte. Die große Mehrheit der Menschen und Organisationen, die ich in Veränderungs- und Zielerreichungsprozessen begleiten durfte, musste aber nicht so lange warten. Sie konnten schon nach deutlich kürzerer Zeit erste Ergebnisse vorweisen. Ergebnisse, auf denen sie weiter aufbauen konnten. Kleine Erfolge zeigen sich oft schon nach Tagen und Wochen. Sie sind erste Schritte auf einem Weg, für den wir uns selbst bewusst entschieden haben. Ein Weg, der im WOLLEN beginnt, der im MACHEN seine Umsetzung findet und im ERREICHEN seinen Abschluss.

Mit dem WME-Modell kennst du nun die Rahmenbedingungen, die Erfolg erst wirklich möglich machen. Wichtig ist: Nicht nur einer dieser Schritte alleine führt uns zum Ziel. Sie alle sind entscheidend. Erfolgreich zu sein, das bedeutet, zu starten und trotz aller Schwierigkeiten anzukommen; loszulegen und dranzubleiben. Motivation alleine, das haben wir gelernt, reicht hierfür nicht aus. Die Volition, also die Fähigkeit zur Umsetzung, ist mindestens ebenso wichtig. Es bleiben aber noch offene Fragen, zum Beispiel: Wie komme ich nun über die erste Hürde, vom Träumen ins Tun? Wie schalte ich Widerstände auf meinem Weg aus, Zweifel, Unlust, Angst? Und wie finde ich ihn überhaupt, den »richtigen« Weg? Ich habe mir genau die gleichen Fragen gestellt. Und ich habe Antworten darauf in der Begegnung mit acht ganz außergewöhnlichen Menschen gefunden. Benjamin Franz etwa, der zu den besten Apnoetauchern der Welt gehörte, bis er nach einem Tauchunfall noch mal völlig von vorne beginnen musste; oder Dieter Fox, der als Mitglied der GSG 9 bei der Befreiung der Lufthansamaschine »Landshut« 1977 in Mogadischu dabei war; darunter aber auch Kari Kobler, der schon mehrfach auf dem Mount Everest stand und Expeditionen in die entferntesten Winkel der Welt leitet. Lass uns also gemeinsam schauen, wie sie ihren Weg gemeistert haben und was wir uns von ihnen abgucken können. Begleite mich im nächsten Kapitel in acht Etappen durch die Geschichten dieser besonderen Menschen. Lerne ihre Strategien, Methoden und Denkweisen kennen. Erfahre, wie du ihre Tools und Techniken auf deine eigenen Ziele anwendest.

2 Berge versetzen

2.1 Träumen erlaubt: Was wäre, wenn ...?

Was du in dieser Etappe lernst:

Wie du Zweifel überwindest und warum es nie zu spät ist, deine Träume Wirklichkeit werden zu lassen.

Es sind nur ein paar Meter von ihrem Sitzplatz bis zu dem alten Flügel am anderen Ende des Raumes, doch für Waltraud Cichon fühlt sich der Weg im Moment endlos an. Dabei ist heute eigentlich alles so wie in den wöchentlichen Klavierstunden. Der Raum mit den hohen Stuckdecken und das schöne alte Instrument – beides kennt sie aus dem Unterricht. Und ebenso vertraut ist ihr die Frau, die dort sitzt und auf sie wartet: Gabriele Paqué, ihre Klavierlehrerin, bei der sie seit gut einem halben Jahr Unterricht nimmt. Vierhändig wollen die beiden heute spielen. Eigentlich wie immer. Doch einen Unterschied zu den üblichen Stunden gibt es heute doch: Die beiden sind nicht allein. Der Raum ist voller Menschen, deren Blicke erwartungsvoll nach vorne auf Waltraud Cichon gerichtet sind. Und plötzlich sind sie wieder da, ihre beiden alten Begleiter: der Zweifel und die Unsicherheit. Fragen kommen auf: Ob es doch die richtige Idee war, hier vorzuspielen? Was wohl die anderen denken werden? Wie wird das Publikum auf die Anfängerin reagieren?

Das heutige Weihnachtsvorspiel hat eine lange Tradition bei Gabriele Paqué. Regeln gibt es keine. Jeder kann etwas vortragen, egal welcher Stil und welches Niveau. Deshalb hat Waltraud Cichon auch zugesagt, als ihre Lehrerin sie gefragt hat, ob sie nicht mitmachen wolle. Eigentlich spielt sie ja erst seit ein paar Monaten, aber die Zuversicht der Lehrerin steckt an, und sie sagt schließlich zu. Von Zuversicht ist in dem Moment, in dem sie nach vorne Richtung Flügel geht, nun aber nicht mehr viel übrig. Zu spät. Ein Zurück gibt es jetzt nicht mehr. Und trotz aller Zweifel, ein Teil von ihr möchte den anderen auch zeigen, was sie in den vergangenen Monaten alles erreicht hat. Als sie endlich vorne ankommt, fühlt ihr Körper sich an wie aus Watte. Sie nimmt dennoch Platz und beginnt zu spielen. Das Nächste, woran sie sich erinnert, ist der Applaus und der Gedanke, der sich langsam in ihrem Kopf mit einer Mischung aus Erleichterung und Staunen zu der Erkenntnis formt: Es hat funktioniert.

Für Waltraud Cichon ist dieser Moment ein Aha-Erlebnis. Als sie mir heute, drei Jahre später, davon erzählt, meint man, die Last förmlich spüren zu können, die damals von ihr gefallen ist. Dieser Abend war wichtig für sie. Was ihn so wichtig gemacht hat, war nicht das, was die Zuschauer zu sehen und zu hören bekommen haben. Denn ihre eigentliche Leistung bestand nicht im fehlerfreien Vorspiel eines klassischen Klavierstücks, sondern darin, dass sie überhaupt dort vorne gesessen und gespielt hat. Wenn jemand damals diese Vorstellung noch vor ein paar Monaten als Hirngespinst abgetan hätte, dann wäre sie es selber gewesen. Denn in einem ganz entscheidenden Punkt unterscheidet sie sich eben doch von den üblichen Klavierschülern, die oft schon im Kindes- oder Teenageralter vor den Partituren sitzen und üben. Die Frau, die vor mir sitzt und die sich vor wenigen Jahren erst den Traum vom Klavierspiel erfüllt hat, ist knapp 70 Jahre alt.

Eines der ersten Dinge, die jeder gute Coach lernt, ist, dass die meisten Menschen neben dem Leben, das sie tagtäglich führen, noch eine ganze Reihe anderer Leben verborgen in sich tragen. Und das sind die ungelebten Leben. Leben im Konjunktiv. In diesen Leben ist der Banker Literat, läuft der Beamte einen Triathlon oder leitet die Sekretärin eine kleine Galerie. Der Coach lernt ebenso:

In neun von zehn Fällen bleiben diese Träume auf ewig eine Idee. Manchmal ist das auch ganz gut, meistens jedoch bedauerlich. Fragt man die Leute nach den Gründen, erhält man häufig zwei Antworten: Die Jungen sagen: »*Das mache ich später*« und die Alten erwidern: »*Dafür ist es jetzt zu spät*«. Zwei Wege, eine Richtung: Stillstand. Die beiden Glaubenssätze sind deshalb so gefährlich, weil sie jede Tür mit lautem Knall zuschlagen, hinter der sich vielleicht ein Weg hinüber ins andere Leben befindet. In das Leben, von dem wir insgeheim träumen und nach dem wir uns so sehnen. Denn diese Türen existieren. Die Frage ist nur, wie schaffen wir es hindurch? Genau darauf suche ich Antworten, und bei Waltraud Cichon könnte ich fündig werden. Denn – mit Verlaub – wenn sie es mit knapp 70 Jahren schafft, das Klavierspiel zu lernen, dann kann ich mit Sicherheit von ihr eine Menge lernen. Zum Beispiel, wie man Träume Wirklichkeit werden lässt.

Zweifeln zwecklos: Einfach machen

Rückblick, vier Jahre zuvor. »Du gehst da jetzt rauf!« Mit diesem Wort gewordenen Ruck schubst sich Waltraud Cichon über die eigenen Zweifel hinweg und drückt schließlich den Klingelknopf. Der gehört zum Musikstudio von Gabriele Paqué, diplomierte Musikpädagogin für Tasteninstrumente und spezialisiert auf den Unterricht mit Erwachsenen. Genau dort hat Waltraud Cichon heute eine Probestunde. »Ganz schön mutig von mir«, findet sie. Dann wieder erscheint ihr Vorhaben ihr eher wie eine Schnapsidee: »Spinne ich jetzt total? In meinem Alter noch so etwas anzugehen?« Kurz: Sie schwankt zwischen der Freude über die eigene Courage und dem Impuls, die Flucht zu ergreifen. Sie entscheidet sich für Ersteres. »Das hättest du dir vorher überlegen sollen«, ermahnt sie sich mit einem zweiten Ruck. »Jetzt bist du hier und gehst auch rein. Mehr als ein Nein, kann mir nicht passieren.«

Dass sie überhaupt an diesem Tag, vor dieser Tür steht und auf diesen Klingelknopf drückt, ist das vorläufige Ende einer langen Geschichte. Und die beginnt in der Zeit, als Waltraud Cichon noch ein Kind ist. Als junges Mädchen beobachtet sie zufällig ein anderes Kind beim Klavierspiel und fühlt sich sofort zu dem Instrument hingezogen. Ihre Mutter findet sie einmal schlafend im Bett, die kleinen Kinderhände auf der Bettdecke mit imaginären Tasten spielend. Ein Traum. Und das soll auch für sehr lange Zeit so bleiben. Den Eltern fehlt das Geld für eine musikalische Ausbildung der Tochter und später sagte man ihr, es sei zu spät. »Der Wunsch hat mich aber mein Leben lang begleitet und nie losgelassen. Irgendwann war er so groß, dass ich es einfach wissen wollte«, erzählt mir die pensionierte Deutschlehrerin. Das ist auch der Grund, warum sie heute eine Probestunde hat. Gleichzeitig waren da die Bedenken, dass es zu spät ist, diesen Traum noch Wirklichkeit werden zu lassen. Als »Kampf im Kopf« bezeichnet sie das im Rückblick. Und jetzt, wo sie sich vor der Tür der Klavierlehrerin befindet, tobt dieser besonders heftig. »Es gab so viele Gründe, die dagegen sprachen. Ich hatte nicht einmal ein Instrument zu Hause und so gut wie keine Ahnung von Noten.« Waltraud Cichon hätte leicht umdrehen können, den Wagen starten und wieder nach Hause fahren können. Das wäre der leichte Weg gewesen. Den Traum einfach wieder Traum sein lassen, gut verstaut auf dem Dachboden der Lebensträume, von wo man ihn ab und zu herunterholt, abstaubt und dem Alltag für ein paar Momente entflieht. Genau das tut sie aber nicht. Stattdessen gibt sie sich einen dritten und letzten Ruck: »Ich dachte mir: Jetzt gehst du da rein und fragst. Du zählst alle deine Bedenken auf und wenn es nicht passt, dann hast du zumindest gefragt.« In diesem Moment hat sie den Kampf im Kopf für sich entschieden. Es steht 3:0 für Waltraud Cichon.

Für mich ist Waltraud Cichon ein Glücksfall. Ich musste lange suchen, um jemanden wie sie zu finden. Denn mal ehrlich: Menschen mit lang gehegten Träumen kennen wir wohl alle. Aber wie viele fallen uns ein, die so einen Traum auch wirklich umgesetzt haben? Leute wie Waltraud Cichon bezeichnet man im Volksmund als »Spätzünder«. Darin klingt gleich der Vorwurf mit, »zu spät« dran zu sein. Und wer zu spät kommt, den bestraft bekanntlich das Leben. Lauter negative Implikationen. Im angelsächsischen Raum klingt das schon viel schöner: »Late Bloomer«. Das hat etwas von Entfaltung, von Schönheit und ja – auch Reife. Vielleicht brauchen manche Dinge eben auch eine gewisse Zeit, um richtig gut zu werden. Beispiele gibt es dafür genug: Der Schauspieler Alan Rickman etwa, den die meisten aus den Harry-Potter-Verfilmungen als Severus Snape kennen, debütierte im Alter von 41 Jahren in seiner ersten Rolle. Zuvor war er als Grafik-Designer tätig und so gut wie unbekannt. Schauspielerei war sein Hobby. Gladys Burril, eine pensionierte Pilotin, war 86 Jahre alt, als sie ihren ersten Marathon lief, und die amerikanische Kochbuch-Ikone Julia Child hat bis zu ihrem 50. Lebensjahr nicht ein einziges Buch geschrieben. Aber was ist mit den jugendlichen Gründern à la Mark Zuckerberg? Eine Ausnahme! Das legt zumindest eine Studie[25] des MIT nahe, die herausfand, dass gerade die Gründer von erfolgreichen Startups im Schnitt 45 Jahre alt sind. Von einem verpassten Zeitpunkt, kann also gar nicht die Rede sein. Es ist nie zu spät, um richtig aufzublühen!

Dennoch: Aus meiner Arbeit weiß ich auch, dass man nicht alles auf die lange Bank schieben darf und manchen Traum lieber heute als morgen Wirklichkeit werden lässt. Und das bestätigt mir dann auch Waltraud Cichon: Auf meine Frage, welchen Rat sie ihrem 30-jährigen Selbst heute geben würde, antwortet sie prompt: »Einfach machen und gucken, ob es geht.« Als sie das sagt, muss ich schmunzeln. Eine fast 70-jährige Frau, die gerade das Mantra wiedergibt, das sich die Generation Start-up als Neon-Reklame an die Backsteinwände ihrer Berliner Lofts hängt – das ist schon beeindruckend. Doch hinter »Einfach machen« steckt weit mehr als nur ein hipper Hashtag. Es ist exakt die Haltung, die die beiden Autoren Tom und David Kelley als »Do-Something Mindset« beschreiben. Die beiden Kellys gelten als Väter des Design-Thinkings, einer Innovationsmethode, die Menschen dazu bringen will, Dinge auszuprobieren und eine Kultur der Neugier zu entwickeln. Und die ist auch dringend nötig: »Viele von uns stecken zwischen dem Wunsch zu handeln und dem Handeln selbst fest«, so die beiden Autoren und liefern auch gleich den Grund für diese Problematik: »Die Ungewissheit des unbekannten Weges vor uns kann entmutigend sein.«[26] Volltreffer! Es ist genau diese Ungewissheit, die dem Zweifel einen unendlich großen Raum zur Entfaltung überlässt. Und in diesem Raum finden unsere Ängste ideale Bedingungen, um groß und größer zu werden.

Auf den Mars gebeamt

Ängste und Zweifel kennt auch Waltraud Cichon. Und zwar zur Genüge. Sie hat sie ihr Leben lang kultiviert. Aber gleichzeitig ist da auch noch etwas anderes: der Wunsch, es endlich einmal zu probieren. Der Wunsch, dem Traum eine Chance zu geben. Der Wunsch, jetzt endlich loszulegen, bevor es vielleicht doch zu spät ist. Und sei es nur, um ihn endlich innerlich abzuhaken. »Ich musste meinen Traum einfach mit der Wirklichkeit abgleichen und herausfinden, ob er umsetzbar ist. Ich wollte ihn gewissermaßen erden«, sagt sie mir in unserem Gespräch. Was sie dann in der ersten Stunde erlebt, das erdet sie aber nicht, im Gegenteil: Es lässt sie fliegen. Es ist der Moment, der sie auch heute noch zum Strahlen bringt und an den sie sich in allen Einzelheiten genau erinnert: Wie sie gemeinsam mit der Lehrerin zum allerersten Mal am Flügel sitzt. Wie sie ihr ein paar Fingerübungen zeigt und sie auffordert, diese nachzuspielen. Wie ihre Fingerspitzen die Tasten berühren, ganz zögerlich erst, dann mit wachsender Sicherheit. Wie ihr Anschlag zum Ton wird und der Klang schließlich den Raum erfüllt. Das macht etwas mit ihr. In ihr. »Dieses Gefühl hat mich auf den Mars gebeamt«, sagt sie im Rückblick und wirft dabei die Arme mit einem Lachen in die Luft. »Es hat mich so erfüllt und erfreut. Ich habe gestrahlt wie drei Christbäume zusammen.«

Der Kreis schließt sich

Ich glaube, dass Waltraud Cichon intuitiv eine Haltung etabliert und gelebt hat, die auch die beiden Kelleys in ihrem Buch beschreiben: »Wenn du etwas Großartiges machen willst, musst du anfangen zu machen.«[27] Und das hat sie getan und damit etwas Großes in Gang gesetzt. Denn, was als vorsichtiges Kennenlernen des Instrumentes gedacht war, wird für Waltraud Cichon zum lang ersehnten Durchbruch. Sie selber beschreibt es mir, als hätte sie in diesem Moment endlich das fehlende Puzzleteil gefunden und eingesetzt. Es passt plötzlich alles zusammen. Es ist die komplette Erfahrung. Da, wo vorher Zweifel und Unsicherheit waren, sind plötzlich Freude, Erleichterung und Sicherheit. Was hat sie getan? Eigentlich etwas ganz Naheliegendes: Sie hat aufgehört, ihre Situation aus der Theorie heraus zu bewerten und stattdessen Fakten geschaffen. Einfach machen eben. »Wenn man eine Idee nicht mit der Realität abgleicht, dann kann man auch kein Urteil fällen«, so Cichon. Kein Ja und kein Nein ohne die echte Erfahrung.

Aus dem Coaching weiß ich, dass die wenigsten Menschen diese Erfahrung suchen. Sie erörtern eine Idee oft exzessiv in der Theorie, ohne die reale Erfahrung mit einzubeziehen. Doch erst die macht eine Bewertung ja erst möglich. Stattdessen lesen sie Bücher, Magazine, folgen Bloggern und hören alle verfügbaren Podcasts. Sie verharren im Träumen, im Abwägen und im Zweifel. Sie machen die Erfahrung nicht komplett. Welcher Schatz sich dahinter jedoch verbergen kann, beschreibt Waltraud Cichon so: »In dem Moment, in dem man es tut, verändert sich etwas. Für mich war es so, als hätte mich mein Leben lang ein Kreis umschlossen, der nur zu drei Vierteln gefüllt war. Das waren mein großer Wunsch und meine

Vorstellung. In dem Moment, in dem die Realität dazukommt, wurde der Kreis komplett.«

Träume zulassen

Auf der Fahrt nach Hause nach dem Treffen mit Waltraud Cichon geht mir das Bild nicht mehr aus dem Kopf: der vollendete Kreis, die komplette Erfahrung. Je länger ich darüber nachdenke, desto mehr Schönheit sehe ich darin. Und ebenso die Tragik. Denn vollendet ist er nicht für jeden. Und dieser unvollendete Kreis steht dann nicht nur für den einen einzelnen Wunsch, der ungelebt bleibt. Er steht für ein ganzes Leben, dem das letzte Viertel fehlt. Und dieses Viertel repräsentiert all die Wünsche, Träume und Begehren, die wir zurückgelassen haben. Zu denen wir Nein gesagt haben, ohne es wirklich zu versuchen. Doch wenn die Geschichte von Waltraud Cichon uns eines doch ganz deutlich zeigt, dann, dass wir Träume zulassen sollten. Dass wir die Türen nicht achtlos zuschlagen dürfen. Dass wir sie vielmehr weiter öffnen müssen, so weit zumindest, dass wir einen Blick auf das werfen können, was sich hinter ihnen verbirgt. Um dann zu entscheiden: Gehe ich noch ein Stückchen weiter oder kehre ich um? Und der Mindset, der das möglich macht, ist der des »Was wäre, wenn?«. Nicht in Form von Reue und Bedauern. Nicht rückwärts gerichtet, sondern nach vorne. Ja, das geht auch noch mit 70! Und erst recht mit 60, 50, 40 und 30 – und warum nicht auch mit 80! Wenn wir den Fokus nur auf das ausrichten, was möglich ist, und dieser Möglichkeit dann eine echte Chance geben, statt sie mit unseren Bedenken kurz und klein zu hacken. Waltraud Cichon hat ihrem Traum diese eine Chance gegeben, und sie ist beschenkt worden. Ihr eigenes Leben ist reicher geworden. Sie hat ihm etwas hinzugefügt, das für sie Bedeutung hat, das sie erfüllt.

Am Ende unseres Gesprächs, als das Aufnahmegerät schon ausgeschaltet war, erzählte sie mir übrigens noch von dem kleinen

Mädchen. Ein Kind aus dem Nachbarhaus, das immer zu ihr rüberkam, wenn Waltraud Cichon sich ans Klavier setzte. »Sie muss damals um die vier Jahre alt gewesen sein, als ich mit dem Spielen begann. Sie hat mir zugeschaut und andächtig meinem damals noch sehr bescheidenen Spiel gelauscht.« Dieses Mädchen nimmt nun selber Unterricht am Klavier. »Mein Traum hat dazu den Anstoß gegeben«, sagt sie mit Stolz und Freude in der Stimme. Waltraud Cichon, die Frau, die mit fast 70 Jahren begann, das Klavierspiel zu erlernen.

Etappen-Challenge: Erste Schritte mit Prototypen erleichtern

Wo ist dein Kreis noch offen? Welchen Ideen, Träumen, Wünschen und Vorhaben könntest du eine Chance in der Realität geben? Und wie könnte ein erster Schritt in diese Richtung aussehen? Notiere dir auf einen Zettel für etwa 3 Minuten all die Dinge, die du gerne (noch) mal machen beziehungsweise ausprobieren würdest. An diesem Punkt spielt es erst mal keine Rolle, ob du sie für realistisch hältst, das prüfen wir später. Wie Waltraud Cichon es getan hat, geben wir unserer Idee erst mal eine faire Chance, Wirklichkeit zu werden. Betrachte, wenn du fertig bist, deine Sammlung, und überlege, wie du deine Ideen mit minimalem Aufwand in puncto Zeit und Geld testen könntest. Beginne mit drei Punkten deiner Liste und notiere für jeden davon einen Prototyp, den du ohne Risiko in der Praxis ausprobieren kannst. Beispiel: Eine Idee könnte lauten »Alleine einen Roadtrip durch die USA machen«. Du traust dir das aber alleine nicht zu. Ein Prototyp könnte so aussehen, dass du für ein Wochenende alleine in einer europäischen Metropole verbringst. Du sammelst auf diese Weise in einem sicheren Setting Erfahrung für dein großes Projekt. Wenn das klappt, steigere dich. Wenn nicht, weißt du, woran du arbeiten musst, um beim nächsten Mal Erfolg zu haben.

Mental-Hack: Die sanfte Strenge

Waltraud Cichon kennt die Momente großer Unlust. Sich zum Üben zwingen? Klappt nicht! Besser: Sanft zu sich selber sein: »Du musst – NICHT!« Das heißt nicht, dass sie nichts tut. Sie setzt sich ein Minimal-Ziel, auf dessen Umsetzung sie streng achtet: »Ich mache zumindest 10 Minuten Fingerübungen. Das steht nicht zur Diskussion.« Mit dem Spiel kommt dann meist die Lust und auch die Bereitschaft, doch mehr zu machen, und aus den 10 Minuten werden nicht selten viel, viel mehr.

2.2 Los geht's: Entscheidungen treffen und umsetzen

Was du in dieser Etappe lernst:

Wie du ewiges Aufschieben in den Griff bekommst, und warum eine Entscheidung mit »guten Gründen« viel leichter fällt.

Die Geschichte von Inga Orlowski beginnt da, wo viele große Geschichten beginnen: beim Fußball. Inga ist 2002 Mittelstürmerin beim Ratzeburger SV. Der Verein liegt ihr am Herzen, und es gibt nicht viele Dinge, für die sie ein Training oder Spiel ausfallen lässt. Sie liebt den Sport. Dort hat sie ihre besten Freunde, und sie steckt viel Zeit und Energie in ihr Hobby. Doch Inga ist auch wichtig für die Mannschaft. Sie hat einen äußerst ausgeprägten Willen und den Zug nach vorne, den ein Spieler auf ihrer Position braucht. Ihre Größe und athletische Statur kommen noch hinzu. Sie kann sich auf dem Platz durchsetzen. In der Mannschaft geht der Satz um, dass Inga nur mit einem Foul zu stoppen sei. Und so kommt es dann auch. Es ist allerdings kein gegnerischer Spieler, der sie zu Fall bringt. Das Leben foult sie. Und zwar richtig mies.

Inga Orlowski ist die zweite Station auf meiner Reise. Heute sind wir zum Telefonieren verabredet, und als ich ihre Nummer wähle, lege ich vorsichtshalber noch ein Blatt Papier für Notizen bereit. Sicher ist sicher. Auf das Gespräch mit ihr freue ich mich seit Tagen, denn eins weiß ich schon vorab: Inga hat einen sehr außergewöhnlichen Weg hinter sich und trotz ihres jungen Alters schon Dinge erlebt, die es in sich haben. Die Eckdaten kenne ich natürlich: 43 Jahre alt, Juristin, aktiv beim Technischen Hilfswerk, Hunde-Fan, Trägerin der Bundesverdienstmedaille und seit einem Sportunfall mit anschließenden Komplikationen oberschenkelamputiert. So weit die Kurzfassung. Der letzte Punkt der Aufzählung ist der Grund, warum ich mit Inga sprechen will. Doch welche Tortur dahintersteht, wird erst richtig klar, als sie zu erzählen beginnt. Und ich weiß spätestens nach ein paar Minuten, dass ich mit einem Blatt Papier für Notizen hier nicht auskomme.

Manche sagen, ein Leben kann sich von jetzt auf gleich verändern. Inga würde dem wohl zustimmen. Ihr Leben ändert sich während eines Fußballspiels. Ein langer Pass. Sie steigt hoch zum Kopfball, und als sie landet, endet das Leben, das sie kennt, und das neue beginnt. Natürlich weiß sie das in dem Moment noch nicht. Eins merkt sie aber sofort: »Als ich auf dem Boden aufgekommen bin, hat mich ein Mitspieler angerempelt. Ich habe dann gleich gespürt, dass im Knie etwas kaputt gegangen ist.« Kreuzbandriss lautet die Diagnose. Zu dem Zeitpunkt ist sie 22 Jahre alt. Da denkt man nicht an Krankheiten. Erst recht nicht Inga. Sie beißt die Zähne zusammen und spielt weiter Fußball, nimmt an Turnieren teil, erst mit leichten Schmerzen, dann jedoch immer eingeschränkter. Irgendwann geht es einfach nicht mehr und eine Operation ist unumgänglich. Was dann folgt, ist ein medizinischer Albtraum: Aus der einen geplanten Routine-OP werden 35. Ihrem Knie hilft keine davon. Im Gegenteil: Es wird steif, und das Bein kann sie beim Laufen bald nur noch nachziehen. Die Schmerzen werden so schlimm, dass sie nur noch mit Morphium durch den Alltag kommt. Der Tausendsassa Inga ist von nun an stark eingeschränkt. Laut Prognose der Ärzte kann sie nie wieder im Leben wie gewohnt Sport treiben, und selbst die kleinsten Dinge des Alltags erfordern bald schon die allergrößte Anstrengung.

Wendepunkte und Entscheidungen

Inga erzählt mir das alles sehr sachlich und ohne Emotion. Ich hingegen kann kaum glauben, was ich höre. Ihre Geschichte klingt wie ein Buch, in dem jede OP ein neues Kapitel einleitet. Und irgendwie ähneln sie sich erschreckend: Sie beginnen alle mit der Hoffnung, dass es diesmal besser wird, und sie enden jedes Mal mit der traurigen Gewissheit, dass alles so bleibt, wie es war. Im besten Fall. Zu jedem guten Buch gehören aber auch die Wendepunkte. Und die hat Ingas Geschichte. Einer vollzieht sich bei Operation Nummer 21. Irgendetwas geht schief – mal wieder. Wahrscheinlich gelangen über einen Katheder Bakterien in ihren Körper, und eine Sepsis breitet sich aus. Ihr Körper wird davon regelrecht vergiftet, und es kommt zu einem Multiorganversagen. Inga wird von den Ärzten in ein künstliches Koma versetzt und kommt dem Tod dabei bedrohlich nah: »Das Sterben war nur ein Atemzug entfernt«, sagt sie im Rückblick. »Ich habe mich aber dagegen entschieden. Und das war mein Schritt zurück ins Leben.« Und tatsächlich: Entgegen aller Erwartungen erwacht Inga wieder aus dem Koma und kämpft sich zurück ins Leben. Einerseits leidet sie körperlich zwar nach wie vor, und ohne Schmerzmittel läuft gar nichts. Andererseits ist sie so glücklich wie nie. »Die Erfahrung des Komas hat in mir so viel Dankbarkeit ausgelöst, dass ich danach ein ganz anderes Leben geführt habe. Schon die kleinsten Dinge haben mich nicht bloß zufrieden, sondern richtig glücklich gemacht.« Doch trotz allem sind da immer noch diese unglaublichen Schmerzen. Inga spürt, dass es so nicht weitergehen kann. Und vielleicht kommt nun auch hinzu, dass sie das Leben nach der Erfahrung im Koma endlich ganz genießen will und nicht mehr bereit ist, Abstriche zu machen. Wer einmal vom wahren Glück probiert hat, so scheint es mir, dem schmecken dessen Trübungen umso bitterer.

Damals denkt Inga zum ersten Mal über eine Amputation des Beines nach. Der Schritt, so radikal er klingt, könnte ihrem Leid ein Ende bereiten und viele alte Freiheiten zurückbringen. Sie wägt ab:

Was spricht dafür, was dagegen? In dieser Zeit beginnt sie damit, ihre erste Liste zu führen. Eine klassische Pro-und-Kontra-Liste. Inga will auf diese Weise ihre Gedanken ordnen und Klarheit erlangen. »Menschen neigen dazu, vor großen Entscheidungen wegzulaufen und nur die Dinge zu sehen, die sie sehen wollen«, sagt sie. »In diesen Momenten ist es wichtig, zu sagen: Ich nehme mir jetzt die Zeit und setze mich damit auseinander.« Auf dieser ersten Liste notiert sie unter »Pro« all die Dinge, die sie gerne tun möchte, die sie aber wegen des Beines und der Schmerzen nicht mehr tun kann. Vermutlich nie wieder. Sie sammelt »Gute Gründe«, wie sie selbst sagt, die für den radikalen Schritt sprechen und notiert: »Den Rasen mähen« oder »Die Wäsche aufhängen«. Dinge des Alltags, aber auch Lebensträume listet sie auf: »An einer Safari in Afrika teilnehmen«. Es sind die Dinge, die für eine Amputation und ein Leben mit Prothese sprechen. Auf der anderen Seite unter »Kontra« notiert sie die Gründe dagegen. Am Ende zieht sie eine Bilanz. »Es sprachen 25 für und 10 gegen die OP«, erinnert sie sich. »Diese zehn Punkte waren aber der Hammer.« Dennoch: Ein Zurück gibt es für sie jetzt nicht mehr. Inga ist an einem Punkt angelangt, an dem die Aussicht selbst auf eine kleine Verbesserung ihr schon ausreicht. »Wenn ich auch nur eine Stunde am Tag geschenkt bekomme, in der ich zum Beispiel mit meinem Hund spazieren gehen kann, dann will ich es versuchen.«

Das Marmeladen-Paradox

In ihrer Erzählung ist das für mich der zentrale Moment. Inga trifft eine Entscheidung und bestimmt damit den Kurs ihres Lebens neu. Und das ist für die meisten Menschen gar nicht so leicht – besonders, wenn es um große Lebensentscheidungen geht. Das muss gar nicht so existenziell sein wie bei Inga. Auch die Entscheidung für oder gegen eine Kündigung, einen Umzug oder eine Trennung fordern uns heraus. So eine Entscheidung markiert immer auch eine Grenzlinie. Überquere ich sie, trenne ich mein Leben in ein Davor und ein Danach. Das geht mit Risiken einher und mit Verlust. Was setze ich aufs Spiel, was könnte ich verlieren?

Die meisten Menschen agieren, vor so eine Entscheidung gestellt, leider nicht rational[28], wie die beiden Psychologen Daniel Kahneman und Amos Tversky nachgewiesen haben und unter anderem dafür den Nobelpreis für Wirtschaftswissenschaften erhielten. Besonders in unsicheren Situationen tendieren wir dazu, den Verlust mehr zu fürchten, als den Gewinn zu begrüßen. Das führt dann zu dem Paradox, dass manche Menschen eher eine schwierige, unbefriedigende, oft sogar aussichtslose Lebenssituation aufrechterhalten, anstatt das Risiko einer Veränderung einzugehen. Psychologen und Verhaltensökonomen bezeichnen das als »Status-quo-Fehler«: Wenn wir nicht dazu gezwungen sind, etwas zu verändern, lassen wir lieber alles beim Alten. Bestenfalls reden wir uns ein, dass wir das »später mal« entscheiden. Irgendwie passt es gerade nicht so gut. Ich begegne vielen Menschen, die trotz großem inneren Leidensdruck Tag für Tag mit Faust in der Tasche und zusammengebissenen Zähnen den Status quo aufrechterhalten. Menschen, die jahrelang vor so einer Grenzlinie der Entscheidung stehen, unschlüssig und zögernd auf dieses »Später« wartend. Die einen verharren dabei in einer Art Stillstand. Die anderen laufen weg. Menschen sind Meister im Weglaufen. Viele tarnen ihr Weglaufen dann als Suche. Sie erschaffen sich vordergründig immer neue Möglichkeiten, kreieren Optionen und Alternativen, wie ihr Leben weiter verlaufen könnte. Dabei drücken sie sich eigentlich nur davor, die Grenze zu überqueren und eine wichtige und lange anstehende Entscheidung für oder gegen etwas zu fällen – einen Job, einen Menschen, einen Ort. Sie simulieren eine Vorwärtsbewegung, stehen aber eigentlich auf der Stelle. Wir sind einfach so gut darin, uns selber auszutricksen. Aber wie schlecht sind wir darin, uns festzulegen, uns für einen Weg zu entscheiden. Die Wahrheit ist nämlich, dass ein Mehr an Möglichkeiten nicht unbedingt zu besseren Entscheidungen führt. Als *Marmeladen-Paradoxon*[29] wird dieses Phänomen in der Entscheidungstheorie bezeichnet: Je größer und vielfältiger die Auswahl ist, desto schwerer fällt uns die Entscheidung und umso unzufriedener sind wir anschließend mit unserer Wahl. Das geht uns bei der Entscheidung, welcher Job zu uns passt, genau so wie beim Einkaufen vor dem Joghurtregal. Immer gibt es etwas, das vielleicht besser wäre, das uns bestimmt besser geschmeckt hätte. Dabei sind es nicht die vielen potenziellen Möglichkeiten, die uns als Menschen ausmachen. Es sind die wenigen, für die wir uns entscheiden. Spuren, und das ist sicher, hinterlassen wir eben nur auf den Wegen, die wir auch gegangen sind.

Die Anatomie der Entscheidung

Inga erzählt mir weiter, dass sie ein Dreivierteljahr braucht, bis sie sich ganz sicher ist. Dann aber, steht die Entscheidung, und sie schaltet um in den Umsetzungsmodus. Sie kommt vom Denken ins Tun. Sie will diese OP Nummer 36, will ein Leben ohne Schmerzen und – auch wenn es seltsam klingt – durch den Verlust des Beines, ein Stück ihrer alten Freiheit zurückgewinnen. Es folgen viele Gespräche mit Ärzten, Familie und Freunden. Inga muss zudem eine Ethikkommission davon überzeugen, dass sie die – medizinisch gesehen – nicht notwendige Operation machen darf. Sie überzeugt die Experten und bekommt schließlich einen Termin.

Als die Ärzte sie dann nach der Operation das erste Mal im Krankenzimmer besuchen, sind sie irritiert. Sie treffen auf eine Inga, die trotz des Verlustes eines Beines in Aufbruchsstimmung ist. Die es nicht erwarten kann, endlich ihr neues Leben zu beginnen. Das ist eher untypisch nach so einem Ereignis. Die meisten brauchen einige Zeit, um das Ereignis zu verarbeiten. Doch Inga ist jetzt nicht in der Stimmung des Bedauerns, sie will jetzt endlich loslegen. Direkt nach der OP beginnt sie daher damit, eine neue Liste zu führen und nennt sie: »Liste der Lebensfreuden«. Darauf stehen die Dinge, die sie nun wieder gerne machen möchte und die für sie Glück bedeuten. »Ich liebe Rasenmähen«, erzählt sie mir und muss selber darüber lachen. »Ach ja, Bügeln finde ich übrigens auch toll, weil ich es vorher nicht im Stehen tun konnte.« Dann wird sie wieder ernst. Eines möchte sie auf keinen Fall: den Eindruck erwecken, dass man nur alles positiv sehen muss, und der Rest kommt dann schon von allein. »Ich laufe sicher nicht mit einem Dauergrinsen im Gesicht herum und sehe auch nicht alles rosarot. Oft bin ich ganz erledigt und tue mich schwer damit, das Positive zu sehen. Aber ich versuche es, und eigentlich gibt auch jeden Tag etwas, worüber ich mich freuen kann.«

Unser Gespräch ist vorbei. Ich lege das Telefon auf den Tisch vor mir, schaue aus dem Fenster und höre in mich hinein. Wenn ich ehrlich bin, hat mich das Gespräch mit Inga verwirrt. Aber auf eine positive Art. Um meine Gedanken zu ordnen, schaue ich auf das Blatt mit meinen Notizen, das immer noch vor mir liegt und das jetzt randvoll geschrieben ist. An drei Stellen habe ich mein Gekritzel während des Telefonats so oft mit dem Stift umkreist, dass sie mir jetzt sofort ins Auge fallen. Drei Dinge stehen da: Zeit nehmen, Weglaufen verhindern, gute Gründe finden. Drei Punkte aus 60 Minuten. Sozusagen mein Extrakt aus dem Gespräch mit Inga. Und drei Punkte, die ich als wichtige Lektionen mitnehmen werde.

Den ersten hat sie selber formuliert: Nimm dir Zeit! Eine wichtige Entscheidung in unserem Leben ist es doch wert, dass wir ihr all unsere Aufmerksamkeit schenken. Gleichzeitig gilt: Hierfür auf den passenden Moment zu warten, wäre auch gefährlich, denn irgendwas wird immer dazwischenkommen und wichtiger sein. Manchmal muss man daher einfach einen verbindlichen Termin in den Kalender schreiben, an dem man sich mit der Frage auseinandersetzt. Im Alltag, zwischen Kinderabholen, Einkaufen und Wäschewaschen, ist dafür keine Zeit. Mache lieber einen Termin mit dir selbst, und nimm ihn so wichtig, als hättest du eine Verabredung mit der wichtigsten

Person, die es für dich gibt. Stimmt ja auch irgendwie. Wähle Zeit und Ort dieses Treffens außerdem so, dass du die besten Bedingungen schaffst, die du brauchst, um eine möglichst gute Entscheidung fällen zu können.

Punkt zwei: Stell dich deiner Entscheidung, und mache dir das Weglaufen so schwer wie möglich! Klar ist doch: In die Schattenseiten des Lebens zu blicken, das macht man nicht freiwillig. Inga nutzte ihre Liste als eine Art Fenster in diese Welt. Mithilfe der Liste kann sie den Blick auf die Dinge richten, die sie vielleicht nicht so gerne sehen will: ihre Ängste und ihre Befürchtungen, die mit der Amputation verbunden sind. Inga bestätigt mir: »Wenn die Kontra-Seite beim Ausfüllen immer noch leer war, wusste ich, das kann nicht sein. Es musste etwas geben, das gegen die Amputation sprach. Mithilfe meiner Liste konnte ich aber nicht dauerhaft weglaufen, ich musste mich mit dem Thema auseinandersetzen.« Ein weiterer Vorteil ihrer Methode: Indem sie den inneren Disput zu Papier bringt, holt sie ihn ins Hier und Jetzt. Und da übt er positiven Druck aus. Inga half sogar noch etwas nach: Um sicherzustellen, dass sie sich nicht vor der Entscheidung drückt, deponiert sie den Zettel auf dem Nachttisch neben ihrem Bett. Und auch wenn sie nicht jeden Tag draufgeschaut hat, der Zettel erinnert sie morgens und abends daran, dass da noch etwas zu tun ist. Drücken gilt nicht.

Punkt drei: Gute Gründe finden! Der vielleicht wichtigste Punkt in meinen Augen. Inga schafft sich attraktive Ziele und Anreize für den schweren Weg, der vor ihr liegen könnte. Denn was bringt uns denn dazu, so ein Risiko trotz allem einzugehen? Warum begeben wir uns freiwillig auf einen Weg, auf dem uns auch Phasen des Zweifelns, der Mutlosigkeit und der Angst erwarten? Es muss etwas sein, dessen Strahlkraft größer ist als all das zusammen. Und was das ist, das bestimmt jeder Mensch selber. Staub saugen, Schnee schippen, Wäsche aufhängen – das sind eben Ingas gute Gründe, die unter anderem für diesen schweren Schritt gesprochen haben.

Von Choosern und Pickern

Wenn ich nun einen Schritt zurücktrete und mir Ingas Geschichte noch einmal anschaue, dann erkenne ich auch eine besondere Haltung, mit der sie durch diese schwere Zeit gegangen ist. Es ist die Art und Weise, wie sie es geschafft hat, sich trotz der Größe ihrer Entscheidung nicht davor zu drücken. Dass sie mutig und fokussiert nach vorne geht, ihren Kurs beibehält.

Der Psychologieprofessor Barry Schwartz hat sich intensiv mit dem Problem von Entscheidungen beschäftigt. In seinem Buch *Paradox of Choice* kommt er zu dem Schluss, dass es eigentlich zwei Arten gibt, wie Menschen mit Entscheidungen umgehen: Entweder sie sind ein »Chooser« oder ein »Picker«. Ein Chooser ist jemand, der aktiv über alle Möglichkeiten einer Entscheidung nachdenkt und sich klarmacht, was ihm wirklich wichtig ist. Ein Chooser versteht die Bedeutung seiner Entscheidung und trifft sie möglichst im Einklang mit seinen Werten. Chooser zu sein, heißt also auch, sein Leben an etwas auszurichten, das Bedeutung hat. Indem wir uns über unser *Warum* klar werden, beginnen wir uns auch über unsere Ängste und Zweifel hinwegzusetzen. Entscheidungentreffen als höchste Form, Verantwortung für sich und sein Leben zu übernehmen.

Picker sind das genaue Gegenteil. Sie greifen mal hier-, mal dorthin, wollen alles ausprobieren und treffen Entscheidungen eher aus der Situation heraus. Das ist natürlich nicht per se schlecht. Wenn es etwa um die Frage geht, wo man zu Mittag isst oder welches Hemd man zum Meeting anzieht. Dafür muss man nicht gleich eine Pro-und-Kontra-Liste erstellen. Man entscheidet einfach, und das ist gut so.

Als Faustregel gilt: Sei ein Picker, wenn es um kleine Entscheidungen des Alltags geht, aber ein Chooser, wenn das Leben dich vor eine große und wichtige Entscheidung stellt. Und sei dann auch bereit, loszulassen. Der Trick dabei ist der: Indem wir verlieren, gewinnen wir. Indem wir zu 99 Optionen Nein sagen, gehen wir aber in einer auf und machen einen Schritt nach vorne. Wir handeln. Und mit dem ersten Schritt der Handlung vollzieht sich Veränderung.

Aufstehen und weitermachen

Zum Schluss hat Inga mir übrigens noch von ihrem aktuellen Projekt berichtet: Um ihrem Hund Tayo – was so viel bedeutet wie »Zum Glücklichsein geboren« – einen Ausgleich zu bieten, bildet sie ihn gerade zum Jagdhund aus. Sie erzählt von den über 1500 Fragen, die sie dafür lernen muss, und der Erkenntnis, dass eine Beinprothese und ein gefrorener Ackerboden nicht unbedingt die beste Kombination sind. »Da stoße ich dann schon an meine Grenzen«, sagt sie. »Ohne Knie ist das total wackelig, und dann landet man dann eben öfter mal auf dem Hosenboden.« Ich frage sie, wie sie damit umgeht, an ihre Grenzen zu stoßen, und sie verrät mir noch einen letzten Trick: »Ich stehe wieder auf. Und abends im Bett lache ich mich einfach über mich selbst kaputt.«

Etappen-Challenge: 100 gute Gründe
Nimm dir die Liste mit deinen Zielen, Wünschen und Ideen noch mal vor. Suche dir einen Punkt davon aus, und stell dir vor, wie es ist, wenn du dein Ziel erreicht hast. Stell dir den Ziel-Zustand ganz genau vor. Versetz dich gedanklich in die Situation, in der du dein Ziel bereits erreicht hast. Wenn du im Kopf ein Bild erzeugt hast, füge nun Details hinzu. Beschreibe als Nächstes möglichst sinnlich (Riechen, Schmecken, Hören, Fühlen) dein Erleben. Notiere deine Gedanken – das ist deine Gute-Gründe-Liste.

Mental-Hack: Pick your Day
Große Entscheidungen fordern dich als Chooser. Zu langes Nachdenken kann aber auch zur Bremse werden und dich davon abhal-

ten, dass du loslegst. Umgekehrt kann ein Pick zum Raketenstart werden und dir helfen, endlich loszulegen. Um zu unterscheiden, was wann gefragt ist, braucht es schlicht Übung. Im Leben müssen wir beide Disziplinen beherrschen. Etabliere einen Tag, an dem du Entscheidungen aus dem Bauch heraus, deinem ersten Impuls folgend, triffst. Nach einiger Zeit wirst du lernen, deinem Bauchgefühl zu vertrauen und es zukünftig immer dann zu nutzen, wenn eine schnelle und spontane Entscheidung wichtig ist.

2.3 Hier lang: Der richtige Weg

Was du in dieser Etappe lernst:

Warum du große Ziele in kleine Häppchen unterteilen solltest und wie du individuelle Defizite im Team ausgleichst.

Kari Kobler ist ein Mann, der Träume wahr werden lässt. Große Träume. Zu ihm kommen Menschen, die das Extreme suchen. Menschen, die etwas erreichen wollen, das weltweit nur wenige überhaupt erreichen können: die Spitze des Mount Everest. Der höchste Berg der Welt und für viele auch das höchste aller Ziele. Der Everest ist ein Mythos, und so etwas wird immer seltener in unserer Zeit. Smartphones, Billigflieger und Internet haben dazu geführt, dass immer mehr immer einfacher zu erreichen ist. Die Distanzen schwinden. Fast alles ist per Knopfdruck zu haben. 24/7. Der Everest aber lässt sich nicht per App bezwingen. Ihn muss man sich erarbeiten. Schritt für Schritt. 8848 Meter hoch thront er über den anderen Gipfeln des Himalaja. Eine Faszination, die auch Opfer fordert. Seit seiner Erstbesteigung 1953 sind mindestens 300 Menschen an diesem Berg gestorben. Und die meisten von ihnen sind immer noch da im ewigen Eis. Trotzdem zieht der Berg Jahr für Jahr Menschen an, die auf seine Spitze wollen. Nicht alle schaffen es, und nur eine Hand voll erreicht den Gipfel mehrmals im Leben. Kari Kobler ist einer von ihnen.

Als ich ihn erreiche, ist er gerade erst aus Argentinien zurück und wird nach einem kurzen Aufenthalt in Bern weiter zum Everest reisen. Kobler ist Schweizer, Mitte 60 und zählt zu denen, die den Berg seit Jahrzehnten kennen. Um seinen Hals trägt er einen tibetanischen Dzi-Stein. Eine Art Amulett, dem man in Tibet eine besonders schützende Kraft zuspricht. Über 17 Expeditionen hat Kobler am Everest geleitet und war selber bereits sechs Mal auf dem Dach der Welt. Für mich ist er aber aus einem anderen Grund ein wahrer Glücksgriff für meine Recherchen, denn er stand nicht nur selber auf dem Gipfel, sondern er verhilft seit über 20 Jahren auch anderen Menschen dazu, dieses Ziel zu erreichen. Er bringt sie rauf. Und, was noch wichtiger ist, er führt sie auch wieder lebend runter. Denn es sind eben nicht immer erfahrene Alpinisten und Profis unter den Teilnehmern seiner Expeditionen, sondern oft ganz normale Menschen. Menschen wie du und ich. Menschen, die über sich selbst hinauswachsen möchten. Die an ihre Grenzen gehen wollen und darüber hinaus. Denn eins ist klar: Der Everest schenkt einem nichts. Dennoch ist Kobler der Meinung, dass sogar jemand ohne alpine Vorerfahrung es schaffen kann: »Die bergsteigerische Herausforderung ist machbar«, ist er überzeugt. Das heißt aber nicht, dass er jeden mitnimmt. Kari Kobler schaut genau hin, wer da zu ihm kommt und mit ihm auf den Everest will. »Meine Aufgabe ist es, herauszufinden, bei wem ich den Wunsch unterstütze und bei wem es keinen Sinn macht.«

Vertrauen schenken

Kobler betreibt Expeditionsbergsteigen. Und während in den Medien oft die einsamen Wölfe, die also ganz alleine den Berg besteigen, auf sich aufmerksam machen, geht es bei Koblers Touren um die Leistung im Team. Noch ein Punkt, der ihn so spannend für mich macht. Einzelkämpfer spielen nach ihren eigenen Regeln, das ist leicht. Aber für die meisten Kontexte, ob in Unternehmen, in Familien oder im Alltag von Individuen, geht es vielmehr darum, Ziele gemeinsam zu erreichen. Das erfordert gegenseitige Rücksicht, Empathie, Kommunikation, führt aber auch zu außergewöhnlichen Ergebnissen. Der Typ James Bond gehört schon lange der Vergangenheit an. In der Welt der Unternehmen und Organisationen gehört die Zukunft flexiblen und agilen Systemen. Gleiches gilt für die Gruppen, die Kobler auf den Everest führt. Er betont, dass Können sekundär ist, entscheidend sind die Einstellung und die Haltung, die die Leute mitbringen. »Ein guter Mensch ist mir tausend Mal lieber als ein Top-Bergsteiger«, betont Kobler. In schwierigen Situationen muss man sich schließlich aufeinander verlassen können, Herausforderungen und Probleme lösen, die man nicht vorhersehen kann. Der Everest ist kein Risiko, das man zu einhundert Prozent kalkulieren kann. Der Berg verändert sich ständig, und das Wetter kann in kürzester Zeit umschlagen. Die Lebensgefahr klettert also immer mit. Es bleibt immer ein großer Teil Unberechenbarkeit, sich auf diesen Berg zu begeben. Doch genau das sind seit Tausenden von Jahren die Bedingungen, unter denen der Mensch beweist, zu was er in der Lage ist, wenn er als Gruppe ein Problem angeht. Da ist Kollaboration gefragt – und einer, der vorangeht. Einer wie Kari Kobler, der, wenn man so will, eine Art Führungskraft am Berg ist. Ein Leader im härtesten Terrain der Welt.

Seine Art damit umzugehen, ist erstaunlich: Er schenkt den Menschen sein Vertrauen. Gibt ihnen einen Vorschuss davon und glaubt an sie, wo sie selber eher noch an sich zweifeln. Seine Botschaft ist simpel, aber sie wirkt: Du bist nicht allein auf dem Weg nach oben. Es gibt hier Leute, die dich unterstützen, wenn es sein muss. »Es liegt sogar eine Gefahr darin, dass man die Menschen unterschätzt, nur weil sie keine Profis sind«, sagt Kobler. Ich muss schlucken, denn ich erlebe besonders in Unternehmen und ihren Teams oft eine komplett gegenteilige Kultur: Da wird an den Fähigkeiten der Menschen gezweifelt, anstatt sie in ihren Ressourcen zu stärken, da werden Bedenken über Chancen gestellt, und die Angst davor, Fehler zu machen, lähmt jeden Schritt. Was das mit uns macht, erzählt Kobler mir an einem Beispiel aus einer der vergangenen Expeditionen. Ein Mann, körperlich topfit und auch bergsteigerisch in bester Verfassung, drohte plötzlich damit, abzubrechen. Der Grund dafür lag nicht in seinem Körper, sondern in seinem Kopf. »Er hat sich selbst und seinen Fähigkeiten nicht mehr getraut. Er hat begonnen, an sich zu zweifeln, und dieses Gefühl wurde mit jedem Schritt größer. Bis er schließlich nicht mehr den Glauben aufbringen konnte, dass er sein Ziel erreichen kann.« Kobler hat schon einige Menschen auf diese Weise scheitern sehen. Menschen, die eigentlich das Zeug dazu haben, aber mental versagen. Die den Fokus und damit auch ihr ursprüngliches Ziel aus den Augen verlieren. Ein anderer Teilnehmer von Koblers Expeditionen versuchte gleich zwei Jahre hintereinander, den Gipfel zu erreichen, und musste beide Male abbrechen. Der Grund für sein Scheitern lag niemals an seinen Fähigkeiten, da ist Kobler sich sicher. »Die meisten Menschen scheitern nicht am Berg an sich. Sie scheitern an der Angst und der Unsicherheit, die sie selber mitbringen.« So erging es auch dem Teilnehmer, der, obwohl er topfit war, plötzlich von seinen Zweifeln übermannt wurde. Geschafft hat er es dann schließlich doch. Und zwar mithilfe der Gruppe. Sie hat ihn aufgebaut und mit ihrer Energie getragen. Zusammen haben sie es schließlich nach oben geschafft.

Wenn die Angst kommt

Kobler weiß selbst sehr gut, wie wichtig diese Impulse und die Unterstützung von außen sind, denn auch er war nicht immer Bergführer. Als er mit 33 Jahren überlegt, seinen sicheren Job bei der Schweizer Post aufzugeben, um Bergführer zu werden, zögert er erst. Es ist schließlich seine damalige Freundin, die ihm den nötigen Schubs gibt und in den ersten Jahren auch mal einspringt, wenn es finanziell eng wird. Alleine siegen die Bedenken und Zweifel, aber zu zweit, da klappt es. Vielleicht ist es diese Erfahrung aus seiner eigenen Biografie, die er heute an seine Teilnehmer am Berg weitergibt.

Aus dem Coaching kenne ich auch diesen Anspruch, den so viele an sich stellen und der lautet: »Ich muss das alleine schaffen, ohne die Hilfe anderer.« Dabei verteilt das Leben keine Extrapunkte an diejenigen, die im Alleingang ihr Ziel erreicht haben. Im Gegenteil: Schön blöd, auf die zusätzliche Energie, die frischen Impulse und nicht zuletzt die gemeinsame Zeit zu verzichten, die durch die Unterstützung, oder besser Beteiligung, anderer entsteht. Die größten Erfolge in meinem Leben waren fast immer Team-Erfolge. Daraus speist sich die Erfahrung, dass im Team auch individuelle Schwächen ausgeglichen werden. Die Botschaft dahinter lautet: Du musst nicht in allen Bereichen perfekt sein, um Erfolg zu haben – wenn du Teil einer Gruppe bist, die das ausgleicht.

Eins muss aber klar sein: Der Everest ist kein Ort für Team-Building-Events. Er fordert einen bis an seine Grenzen und darüber hinaus, stellt Kari Kobler klar. Auch er habe jedes Mal wieder großen Respekt, wenn er an den Berg zurückkehrt. Er erzählt mir dann, dass selbst gestandenen Bergsteigern Zweifel kommen, wenn sie auf dem Weg zum Basislager im Helikopter den Everest zum ersten Mal am Horizont auftauchen sehen. Riesig und massiv. Ich glaube, es ist unmöglich, zu verstehen, was man in so einem Moment empfindet, wenn man es nicht selbst erlebt hat. Kein Expeditionsbericht, kein Bild und kein HD-Video können die Präsenz dieses Berges vermitteln – und das, was sie mit einem macht. Ich kann nur vermuten, dass neben Gefühlen wie Aufregung, Enthusiasmus und einer spirituellen oder existenziellen Form von Glück auch pure Angst da sein muss. Ich frage mich, wie ich in so einer Situation reagieren würde: Im Angesicht des Berges, das Wissen um seine Unberechenbarkeit und meine eigene Verletzlichkeit. Würde ich mich nicht winzig fühlen? Hilflos? Nicht in der Lage, der Größe dieser vor mir liegenden Aufgabe gerecht zu werden?

Ich spreche mit Kobler darüber, und er stimmt mir zu. »Die

Emotionen an diesem Berg sind einzigartig. Aber wir können sie kontrollieren, indem wir versuchen, unsere Perspektive zu kontrollieren.« Ich verstehe nicht gleich, worauf er hinauswill, und mein Gesicht muss genau das widerspiegeln, denn er beginnt von sich aus, es mit einer Metapher zu erklären: »Wenn ich versuchen würde, eine Schwarzwälder Kirschtorte auf einmal zu verspeisen, würde ich daran ersticken. Ich schaffe es einfach nicht. Wenn ich sie aber in Stücke schneide und diese nacheinander esse, dann schaffe ich irgendwann jede Torte – egal, wie groß sie ist. Und so ist es auch mit dem Berg. Wenn du ihn in kleine Stücke schneidest, schaffst du irgendwann sogar den Mount Everest.« Kobler erzählt weiter, dass es für ihn als Expeditionsleiter eine der wichtigsten Aufgaben sei, den Fokus seiner Teilnehmer immer neu auszurichten, wenn sie sich im großen Ganzen, im »Big Picture«, verlieren, statt sich auf ihre eigentliche Aufgabe zu konzentrieren: nämlich die Etappe, die vor ihnen liegt. »Sie starren auf den Gipfel und fragen mich, wie es da wohl aussieht«, erzählt er. »Ich hole sie dann wieder zurück in das Hier und Jetzt. Auf das jeweilige Stück Torte, das gerade vor ihnen liegt. Alles andere hat in dem Moment nichts in unseren Gedanken zu suchen.«

Die Kraft des Fortschritts

Starkes Bild, denke ich, und kann mir gut vorstellen, dass es auch am Everest seine Wirkung nicht verfehlt. Aber es steckt noch mehr darin, als man auf den ersten Blick meint. Da ist noch ein weiterer Aspekt, der wichtig ist. Denn wenn Kari Kobler den Everest in viele kleine und verdauliche »Häppchen« unterteilt, dann erleichtert er uns nicht nur das Kauen und Schlucken. Er schenkt uns damit auch die Lust am Essen zurück und macht mit jedem Stück Appetit auf mehr. Dahinter steht ein Prinzip, das Teresa Amabile, Direktorin der Harvard Business School, als »Progress-

Principle«[30] bezeichnet. Die Wissenschaftlerin mit einem Doktortitel in Psychologie an der Stanford-Universität untersucht seit Jahren, was Menschen bei der Arbeit zufrieden macht, was sie anspornt und wirklich motiviert, selbst große Ziele umzusetzen. Und dabei hat sie eine spannende Entdeckung gemacht: Während die meisten Führungskräfte und Manager immer noch glauben, dass es in Sachen Mitarbeitermotivation nur darauf ankomme, positive Anreize zu geben oder klare Ziele zu setzen, sei ein anderer Faktor weitaus bedeutender: nämlich das Erleben von Fortschritt. Gemeint ist damit das Gefühl, vorwärtszukommen, Dinge voranzutreiben, etwas zu bewegen.

Amabile und ihr Team konnten in einer Studie zeigen, dass die Mitarbeiter an »guten Tagen« bei der Arbeit vor allem das Erleben von Fortschritt beschreiben. Umgekehrt war auffällig, dass ein »schlechter Tag« signifikant mit Rückschlägen bei der Arbeit einherging. »An den Tagen, an denen sie Fortschritte machten, berichteten unsere Studienteilnehmer über mehr positive Emotionen. Sie waren nicht nur generell optimistischer gestimmt, sondern drückten auch mehr Freude, Wärme und Stolz aus. Als sie Rückschläge erlitten, erlebten sie mehr Frustration, Angst und Trauer.«

Das Erleben von Fortschritt steuert aber auch unsere Selbstwahrnehmung in Bezug auf Erfolg und Misserfolg. Denn was motiviert mehr, ein Ziel bis zum Ende weiter zu verfolgen, als das Gefühl, dabei erfolgreich zu sein. Zu sehen: Ich kann das. Teresa Amabiles Studien zeigen hier deutlich, dass es dabei nicht einmal ein besonders großes Ziel braucht, um dieses Gefühl zu erzeugen, etwa den Abschluss einen Jahresprojekts oder ein abgeschlossenes Studium. »Bereits kleine Erfolge können unsere Zufriedenheit enorm steigern. Viele der Ereignisse, von denen die Studienteilnehmer besonders positiv berichteten, waren eigentlich nur kleine Schritte nach vorne.« Es sind also vor allem die kleinen Dinge des Alltags, die uns am meisten pushen: ein Meeting, in dem offene Fragen geklärt werden konnten, die prompte Rückmeldung eines Projektverantwortlichen oder der Moment, wenn man endlich diesen einen kleinen Fehler entdeckt, wegen dem gerade alles stillsteht.

Dennoch denken die meisten Menschen bei »Erfolg« immer noch an große Langzeitziele oder grundlegende Veränderungen in ihrem Leben. Sie möchten einen Marathon laufen, zehn Kilo abnehmen oder vielleicht endlich das Buch schreiben, das ihnen schon so lange vorschwebt. Diese Vorhaben sind der Everest unter den Zielen. Verlockend und schillernd in der Vorstellung. Mächtig und furchteinflößend, wenn wir vor ihnen stehen und nicht wissen, wie und wo wir anfangen sollen. Da kann selbst die größte Anfangseuphorie schnell verpuffen. Und spätestens beim ersten Hindernis brechen wir dann endgültig ab. Ich glaube, wenn wir Erfolg und Misserfolg vom Erreichen dieser Everest-Ziele abhängig machen, erhöhen wir einzig die Wahrscheinlichkeit, an ihnen zu scheitern. Natürlich gibt es auch Menschen, die eine ganze Schwarzwälder Kirschtorte auf einmal verspeisen können. Aber mal ehrlich: Sie sind absolute Ausnahmen. Für die Mehrheit, mich eingeschlossen, gilt, dass es oft ein verdammt harter und anstrengender Weg zum Gipfel ist. Egal, ob es um den Marathon, die Bikinifigur oder das erste Buch geht. Für uns gilt das Torten-Gleichnis: Aus Groß mach Klein. Was hat Kobler noch mal gesagt? »Wenn du ihn in kleine Stücke schneidest, schaffst du sogar den Mount Everest.« Das bedeutet, erst mal fünf Kilometer laufen und in der Folgewoche dann ein bisschen mehr; zwei Kilo abnehmen, das Gewicht halten und am nächsten Kilo arbeiten; die erste Seite des Buches anpeilen und daraus das erste Kapitel machen – all das sind kleine, aber dafür erreichbare Häppchen. Wenn ich es also schaffe, mein großes Ziel in kleine Erfolgsetappen zu verwandeln, dann kann ich es auch erreichen. Egal, wie groß es ist.

Etappen-Challenge: Tortenstücke bestimmen

Schreibe dein Ziel auf ein Blatt Papier. Überlege nun, wie du daraus kleine Etappen ableiten kannst, die dich Schritt für Schritt deinem großen Ziel näherbringen. Wenn du das getan hat, versuche nun, aus jeder dieser Etappen noch kleinere Häppchen zu machen. Definiere anschließend genau, wann eine Etappe erreicht ist und woran du deinen Erfolg erkennen kannst.

Mental-Hack: Dein Support-Team

Stell dir deine eigene Seilschaft zusammen, die dich auf deiner Reise zu deinem Ziel begleitet. Eine kleine Gruppe von Menschen mit unterschiedlichen Skills, die dir bei allen absehbaren Hindernissen zur Seite stehen. Frag dich etwa: Zu wem gehe ich, wenn ich Zuspruch brauche? Zu wem gehe ich, wenn ich einen Tritt in den Hintern brauche? Zu wem gehe ich, wenn ich den Überblick verloren habe? Wenn dein Team gedanklich steht, visualisiere es im Anschluss auf einem Blatt Papier, das du mit dem Titel »Mein Unterstützer-Team« überschreibst. Nimm dir nun für jedes Mitglied ein Post-it und notiere darauf, welche Rolle diese Person hat und in welchen Momenten du ihre Stärken am meisten brauchst.

2.4 Grenzen verschieben: Über sich selbst hinauswachsen

Was du in dieser Etappe lernst:

Wie du Schritt für Schritt über dich hinauswächst und warum Kreativität manchmal wichtiger ist als Willenskraft.

Benjamin Franz taucht langsam aus der Tiefe des Ozeans nach oben. Die letzten Minuten hat er einhundert Meter unter der Wasseroberfläche verbracht – ohne Sauerstoffflasche, nur mit der Luft in seinen Lungen. Kalt und dunkel war es dort. Jetzt, da er wieder aufsteigt, wird das Wasser langsam wärmer und immer mehr Lichtstrahlen dringen zu ihm durch. Nur noch ein paar Meter. Das Boot, in dem sein Team bereits auf ihn wartet, kann er von unten schon sehen. Plötzlich merkt er, dass irgendwas anders ist als sonst. Dann, von einer Sekunde auf die andere, kann er seinen Körper nicht mehr spüren. Irgendwie schafft er es noch, zum Boot zu kommen, wo die Mannschaft ihn an Bord hievt. Dann verliert er das Bewusstsein. Es ist der 22. Juli 2002, und das Leben von Benjamin Franz ist von nun an nicht mehr das, was es einmal war.

Seit diesem Tag sind 15 Jahre vergangen. Franz erzählt mir heute in seinem sympathischen Oberpfälzer Dialekt, wie sein Leben sich danach verändert hat – und wie es vorher war, als er noch einer der Stars im Apnoetauchen war. Bei dieser Form des Tieftauchens geht man ohne Flasche und nur mit dem Sauerstoff in den Lungen ins Wasser mit dem Ziel, möglichst tief und möglichst lange unter Wasser zu bleiben. Sein Rekord waren 137 Meter. Angefangen hat er aber mal ganz klein. Der »Junge aus dem Bayrischen Wald«, wie er sich selbst nennt, taucht seit seiner Kindheit, erst in den örtlichen Schwimmbädern und Badeseen, später dann in den Weltmeeren. Seinen Durchbruch hat er 1996 in Nizza bei den Weltmeisterschaften. Franz ist damals ein No-Name in der Szene, doch ihm gelingt auf Anhieb eine Sensation: Er erzielt die zweitbeste Zeit des gesamten Wettbewerbs. Von diesem Moment an steht der erste deutsche Tieftauch-Star im Scheinwerferlicht und Interesse der Öffentlichkeit.

Der Körper sagt Stopp

Es gibt wohl keine vergleichbare Sportart, die so sehr darauf ausgelegt ist, die Grenzen des menschlichen Körpers zu sprengen, als das Tieftauchen ohne Sauerstoff. Durch den Druck der Tiefe sammelt sich fast das gesamte Blut in der Körpermitte, die Blutgefäße schwemmen auf und eine unheimlich große Menge mit Sauerstoff angereichertem Blut befindet sich für kurze Zeit in einem sehr kleinen Areal des Körpers. Zudem wird die Luft in der Lunge auf die Größe einer Orange zusammengepresst. Eigentlich sagt der Körper hier laut und deutlich Stopp, und es wird mit jedem Tiefenmeter schwerer, den Druckausgleich herzustellen. Und wenn das nicht mehr möglich ist, platzt irgendwann das Trommelfell. Das ist die natürliche Grenze, die jedem Taucher gesetzt ist. Benjamin Franz aber hat auch sie immer weiter verschoben: »Als ich 1994 begonnen habe, war bei spätestens 28 Metern Tiefe Schluss. Acht Jahre später war ich schon bei 137 Metern angelangt, und ich hatte die 165 Meter schon fest im Blick.«

Grenzen versetzen – das ist etwas, das Benjamin Franz zu diesem Zeitpunkt beherrscht wie kein anderer. Und ich will von ihm wissen, wie das geht. Die erste Überraschung: Ein besonderes Talent bringt Franz offenbar nicht mit, gleicht das aber mit Disziplin und Willenskraft wieder aus. »Ich habe viele Sportler kennen gelernt, die von Haus aus eine größere Lunge hatten als ich. Und besonders talentiert war ich auch nicht. Ich war aber der, der am aufwendigsten und kreativsten trainiert hat.« Auf diese Weise will er auch die 165-Meter-Marke knacken. Dazu wird es aber nicht mehr kommen. Bei den Vorbereitungen geschieht im Juli 2002 jener Unfall, der seiner Karriere ein Ende setzt. Als er im Boot immer wieder das Bewusstsein verliert, bringt sein Team ihn ins Krankenhaus. »Da habe ich zum ersten Mal Angst bekommen«, erinnert sich Franz heute. Dort ist er zwar bei Bewusstsein, eine Seite seines Körpers ist jedoch gelähmt und sprechen kann er auch nicht. Locked-in-Syndrom nennen Mediziner das. Die Ursache scheint ein Schlaganfall zu sein, der beim Auftauchen ausgelöst wurde. Aber so ganz genau weiß er das bis heute nicht. Was er aber weiß, ist, dass nach dem Unfall eine lange und harte Zeit in Krankenhäusern und Reha-Zentren für ihn beginnt. Und eine Zeit, in der er wieder mal Grenzen verschieben muss. Vom Laufen bis zum Sprechen muss er alles neu lernen. Die Ärzte sagen seiner Frau sogar, sie solle damit rechnen, dass er für immer ein Pflegefall bleibt.

Benjamin Franz aber nimmt das nicht hin: »Ich war schon immer jemand, der Dinge für möglich gehalten hat, die andere als unrealistisch angesehen haben. Ich wollte dieses Schicksal einfach nicht hinnehmen.« Da ist er wieder, jener Biss, der fast schon an Trotz grenzt, den Status quo einfach nicht anzuerkennen. Ihn durch harte Arbeit, hohe Ziele und Willenskraft zu verändern. Sein erster Durchbruch: Beim Logopäden kommt plötzlich das Wort »Auto« über seine Lippen. Ihm zeigt dieser Moment, dass sich die harte Arbeit auszahlt und das Ende noch lange nicht erreicht ist. »Wenn das möglich war, dann ist noch mehr drin«, pusht er sich damals. Die Bestätigung seiner Mühen und der damit verbundene Erfolg tragen ihn weiter auf seinem Weg. Ein halbes Jahr sitzt er noch im Rollstuhl, zwei bis drei weitere Monate läuft er mit Stock und am Ende des Jahres geht es schon ohne. Er bleibt dennoch halbseitig gelähmt und kann ein Bein nur nachziehen. Doch das hält ihn nicht davon ab, sich weitere Ziele zu setzen. Er beginnt, die Strecke vom Bahnhof zur Reha zu joggen. Die zwei Kilometer kann er wegen der Lähmung seiner rechten Körperseite zwar eher im Trab bewerkstelligen, aber immerhin, er kommt an. Franz legt nach. Er nimmt an einem Stadtlauf teil, der wenige Monate später stattfindet und meldet sich gleich darauf für den Halbmarathon in Nürnberg an. Er will das einfach schaffen, und was er will, das hat er bis jetzt auch immer erreicht.

Treppensteigen

Die Erfolge, die Benjamin Franz bis zu diesem Punkt verzeichnen kann, sind faszinierend. Wenn andere sagen, das klappt nicht, fragt er zurück: Warum nicht? Diese Haltung, eine Hürde nicht einfach hinzunehmen, sondern zu überlegen: Wie komme ich jetzt auf die andere Seite? Das ist die bemerkenswerte Denke von Benjamin Franz. Dabei bewältigt er beileibe nicht alle Barrieren mit schierer Willenskraft und harter Arbeit. Oft sind eher Fantasie und Kreativität gefragt. Als er einmal in der Reha nicht weiterkommt, sucht er mit seinem Therapeuten nach neuen Ansätzen, und sie kommen auf die Idee, Benjamin auf Inlineskates zu stellen. Das steht so in keinem Lehrbuch, bringt aber die notwendigen Impulse, damit es weitergeht. Der Zweck heiligt eben die Mittel. Man muss also nicht immer mit dem Kopf durch die Wand, manchmal gibt es auch eine verborgene Tür, deren Schlüssel wir nur finden müssen. Ich nehme von ihm daher den Gedanken mit, ein Hindernis als Herausforderung zu begreifen. Als Anlass, um nach Lösungen und neuen, bisher nicht in Betracht gezogenen Wegen zu suchen. Denn die offenbaren sich uns eben nicht immer auf den ersten Blick. Da müssen wir zweimal, dreimal hinschauen, um einen Weg zu finden, den es, davon bin ich fest überzeugt, aber fast immer gibt.

Der Marathon in Nürnberg wird für Benjamin Franz zum nächsten Erfolg. Er schafft es tatsächlich – sogar in einer Zeit unter drei Stunden. Das Geheimnis hinter seinen Erfolgen ist die Art und Weise, wie er sie angeht. Er stürzt sich dabei nicht etwa blindlings in die Arbeit, sondern steigert die Trainingsreize in kleinen, aber merklichen Schritten immer weiter. Seine Art, Ziele zu erreichen, erinnert mich ans Treppensteigen. Mit jeder kleinen Schwelle, die ich überwinde, steige ich beständig Stufe um Stufe höher. Und aus vielen kleinen Schwellen wird schließlich in der Summe eine beachtliche Strecke und Höhe, die ich erreicht habe. Aus dieser Perspektive ist der Marathon dann einfach nur die logische Steigerung der ersten zwei getrabten Kilometer. Der Erfolg von Nürnberg wäre ohne diese Herangehensweise nicht denkbar.

So gut die sportlichen Erfolge seinem Selbstbewusstsein auch tun, in ihm wird ein Gefühl immer größer, das ihm schließlich den Boden unter den Füßen wegzieht. »Ich musste mir eingestehen, dass ich zwei Jahre Training und Motivation in meine Genesung investiert habe und bei weitem nicht so weit gekommen bin, wie ich wollte. Ich hätte das Pensum zwar noch verschärfen können, aber der Effekt wäre minimal gewesen. Als ich das erkannt habe, hat sich ein großes Loch aufgetan.« Franz beschreibt damit die vielleicht größte Zäsur in seinem Leben. Es ist der Moment, in dem er die Orientierung verliert und in dem der innere Kompass zum ersten Mal keine klare Richtung mehr vorgibt. »Ich war 31 Jahre alt, hatte eine Frau und einen kleinen Sohn, und meinen ursprünglichen Beruf konnte ich nicht mehr ausführen. Ich stand auf einmal ohne Plan im Leben da und musst mich völlig neu erfinden.«

Ein neuer Weg

Und dass tut er dann auch. Den Anstoß dazu gab eine kleine Fotokamera, die Franz in der Reha-Zeit geschenkt bekommt. Wenn er unterwegs ist, fängt er mit ihr Dinge und Momente ein, die ihm ins Auge stechen. Er merkt, dass er den Unfall, die Lähmung und die anstrengende Reha vollkommen vergisst, wenn er fotografiert. »Plötzlich war ich wieder total fokussiert und ganz bei einer Sache. Das hat mir gut getan.« Ganz langsam beginnt in dieser Zeit ein neues Ziel in ihm zu reifen – und natürlich ist es ein waghalsiges. Eins, das jeder halbwegs vernünftige Mensch bestenfalls als verrückt bezeichnet hätte: Benjamin Franz will mit der Fotografie einmal sein Geld verdienen. Ihm ist klar, es wird Jahre brauchen, aber auch dieser Weg beginnt einmal mit dem ersten Schritt.

Bevor dieses Ziel aber auch nur in die Nähe von »möglicherweise, vielleicht, eventuell machbar« kommt, muss er noch ein entscheidendes Hindernis überwinden: seine gelähmte rechte Hand. Die kleine Handkamera, mit der er bisher fotografiert, ist schön leicht, und so kann er sie auch einhändig benutzen und seine steife Hand schonen. Doch wenn aus der Fotografie mehr werden soll, dann muss er dieses Hindernis bewältigen. Franz weiß, was er zu tun hat: Er verlässt bewusst die Komfortzone und macht sich daran, die erste Treppenstufe auf dem Weg zum professionellen Fotografen zu erklimmen. »Ich habe mir eine größere und schwerere Kamera gekauft. Das war zwar sehr anstrengend, aber so war ich gezwungen, beide Hände einzusetzen, und meine schwache Hand wurde immer besser.« Franz schafft eine kontrollierte Überforderung, indem er seine Fähigkeiten so weit überschreitet, dass er es gerade noch hinbekommen kann. Irgendwann klappt es dann aber so gut wie mit der kleinen Kamera. Sicher: Auf dem Weg zu seinem Ziel sind noch viele Stufen zu überwinden. Aber die erste, die hat er geschafft. Und jede weitere ist jetzt nur ein neuer kleiner Schritt auf dem Weg zu seinem Ziel.

Heute ist Benjamin Franz ein gefragter Fotograf. Dass er halbseitig gelähmt ist, sieht man seinen Fotos nicht im Geringsten an. Auf den Benjamin Franz von damals aber, der als Apnoetaucher von einem Rekord zum anderen gejagt ist, auf den schaut er heute mit Bedauern zurück. »Im Rückblick empfinde ich es als sehr leichtsinnig, dass ich mein Leben für diese Ziele aufs Spiel gesetzt habe. Ich brauchte wohl dieses Schulterklopfen von außen. Nur für die Anerkennung anderer habe ich sehr, sehr viel riskiert und letztlich auch einen hohen Preis gezahlt.« Heute fühlt er sich mit sich im Reinen. Seine Arbeit genießt er, und ein bisschen Herausforderung darf es dann gerne immer noch sein. Ein paar Wochen vor unserem Gespräch ist er noch mit Schneeschuhen auf den Großen Arber gewandert, den höchsten Berg im Bayrischen Wald. Grenzen verschieben, dass ist immer noch sein Ding. Aber Rekorde, die braucht er heute nicht mehr.

Etappen-Challenge: Hindernisse in Fragen umwandeln

Manchmal stehen wir vor einem Hindernis und kommen nicht weiter. Das Problem ist oft nicht das Hindernis selbst, sondern dass wir es als unveränderliche Tatsache begreifen: »Ich schaffe es einfach nie, regelmäßig laufen zu gehen.« Häufig kommt man von hier aus nicht mehr in den Lösungsmodus. Wir beklagen unsere Situation, fühlen uns hilflos und den Dingen ausgesetzt. Das Wichtigste ist jetzt, vom Problemraum in den Lösungsraum zu finden. Und dabei hilft oft ein kleiner Perspektivenwechsel: Ich nenne es die HüFA-Methode – Hürde-Frage-Antwort. Es geht dabei darum, dein Hindernis in eine spezifische Frage umzuwandeln. Dieser Perspektivenwechsel hilft dir dabei, nach Lösungen zu suchen statt nach Gründen für dein Scheitern. Und so funktioniert es:

1. Formuliere dein Hindernis: »Ich komme nicht weiter, weil …«
2. Welche Frage steht dahinter?

3. Welche Antwort(en) respektive Lösungsideen sind denkbar?

Mein Ziel: Meine Firma und mein Angebot bekannter machen.

Ich komme nicht weiter, weil ich mich nicht traue, auf fremde Menschen zuzugehen.

Fragen, die dahinterstehen:
Wie kann ich netzwerken ohne persönlichen Kontakt?
Wie schaffe ich es, dass die Leute auf mich zukommen?

Lösungsideen

- Kontakte über digitale Kanäle, Ansprache über Facebook et cetera
- Onlineforen
- Artikel veröffentlichen

Mental-Hack: Creative Practice
Laufen lernen auf Inlineskates? Na klar, der Zweck heiligt die Mittel, und Regeln sind dafür da, dass wir sie brechen – wenn es sein muss. Benjamin Franz ist Experte in Sachen kreatives Üben. Von ihm lernen wir: An Stellen, an denen die üblichen Methoden und Ansätze nicht (mehr) greifen, ist oftmals nicht Kraft und Ausdauer gefragt, sondern ein neuer, ein anderer Denkansatz. Versuche es einfach mal mit einer total abwegigen Idee!

2.5 Wenn es schwierig wird: Umgang mit Hindernissen

Was du in dieser Etappe lernst:

Warum du dein Scheitern möglichst früh einkalkulieren solltest und wie du mithilfe von Routinen deinen inneren Schweinehund austrickst.

Mogadischu, 18. Oktober 1977. Auf den ersten Blick sieht die Boeing 737, die auf dem Rollfeld der somalischen Hauptstadt steht, so aus wie ein ganz normales Flugzeug. »Lufthansa« steht in großen Lettern auf der Seite und darunter etwas kleiner der Name »Landshut«. Hier und da sind ein paar Menschen zu sehen, die um das Flugzeug gehen. Insgesamt aber ist es ruhig. Doch der Schein trügt. In der Nacht zuvor hat hier ein Martyrium sein Ende gefunden, das fünf Tage zuvor begonnen hatte. Palästinensische Terroristen entführen die Landshut auf dem Rückweg von Mallorca. Ihr Ziel: Sie wollen inhaftierte Terroristen aus der Haft freipressen. Ihr Druckmittel sind die Menschen an Bord der Maschine. Für die beginnt damit ein Höllentrip, der sie über verschiedene Zwischenstationen schließlich nach Mogadischu führt. Immer wieder droht unterwegs der Treibstoff auszugehen, mehrere Ultimaten der Terroristen verstreichen. Dann spitzt sich die Lage zu: Der Kapitän der Landshut wird von den Terroristen vor den Augen der Passagiere erschossen. Die Bundesregierung, die mit den Entführern seit Tagen verhandelt, will dem Drama jetzt möglichst schnell ein Ende setzen und gibt der GSG 9, der Spezialeinheit des damaligen Bundesgrenzschutzes, die Freigabe zum Zugriff. In den Tagen nach den Ereignissen gibt es in der Bundesrepublik kein anderes Thema. Insbesondere die Männer der Spezialeinheit GSG 9 stehen im Rampenlicht der Medien. Einer, der in Mogadischu mit dabei war, ist Dieter Fox. Und ihm sitze ich jetzt gegenüber.

Ich treffe ihn in der Nähe von Düsseldorf. Fox ist ein Gründungsmitglied der GSG 9, war bis 1986 ihr Mitglied und ist einer der wenigen Zeitzeugen jener Nacht in Mogadischu. Obwohl er in seinen Jahren bei vielen Einsätzen dabei war, wird die Befreiung der »Landshut« auch für ihn immer etwas Besonderes bleiben. Schon allein, weil es das Thema ist, auf das er auch heute, über 40 Jahre später, immer noch angesprochen wird und über das er in Vorträgen berichtet. Er erzählt mir detailreich und sachlich von den Ereignissen jener Nacht. Schnell wird klar, wie groß die Verantwortung gewesen sein muss, die auf den Männern der GSG 9 damals gelastet hat. Ein Flugzeug voller Menschen und vier Terroristen, die mit dem Mord am Kapitän schon bewiesen haben, wie ernst ihnen das Ganze ist. Und obwohl die GSG 9 für solche Operationen gut vorbereitet ist, wissen die Männer: In der Praxis läuft nicht immer alles so, wie man es mal geplant hat. Und so geschieht es auch in der Nacht der Befreiung. Die Truppe um Fox befindet sich kurz vor dem Zugriff unter dem Flugzeugbauch, schwer bewaffnet und mit Leitern und Sprengstoff ausgerüstet, um die Türen zu öffnen und das Flugzeug zu stürmen. Aus dem Bereitstellungsraum, in dem sie die letzten Stunden auf den Einsatzbefehl gewartet haben, sind sie gut einen Kilometer bei knapp 30 Grad bis zum Flugzeug marschiert. Und auch wenn die Temperatur für die Männer kein ernsthaftes Problem darstellt: für die Funkgeräte, die gut isoliert in Kisten aus Deutschland mitgebracht wurden, ist es das schon. Durch die eisigen Temperaturen im Frachtraum waren die Geräte extrem kalt. Als die Technik dann in der somalischen Wüste ausgepackt wird, passiert das Gleiche, wie bei einer eiskalten Flasche

Wasser, die man im Sommer aus dem Kühlschrank holt: Es bildet sich Kondenswasser. Damit hat das Team so nicht gerechnet. Die Feuchtigkeit legt die Technik lahm, bis auf ein oder zwei Geräte funktioniert nichts mehr. Die Kommunikation untereinander ist von nun an nicht mehr wie geplant möglich.

Im Verlauf unseres Gesprächs wird mir immer klarer: Die Vorstellung, eine Situation zu einhundert Prozent kontrollieren zu können, ist eine Illusion. Es gibt keine Garantie auf Erfolg. Es wird immer Barrieren oder Hindernisse geben, die dich vom Erreichen deines Ziels abhalten. Das gilt selbst für die Besten der Besten, wie Fox mir bestätigt: »Man kann sich noch so gut vorbereiten, und der Plan kann perfekt ausgearbeitet sein, irgendwas kommt immer dazwischen.« Das Problem kenne ich im Kontext vieler Zielerreichungsprozesse, sei es beruflich oder privat. Der »perfekte Plan« ist eben immer nur eine Annäherung an die Realität. Was bleibt, ist ein blinder Fleck, eine Art Restrisiko, das all die Dinge beinhaltet, die selbst die besten Planer nicht vorhersehen. Die Funkgeräte sind so ein Beispiel. Dieter Fox hat aber noch mehr davon parat: »Es wird einem bei einer Observation plötzlich übel, eine Kamera funktioniert nicht oder man hat eine Autopanne. Das ist uns damals passiert, und das passiert auch heute noch bei Spezialeinheiten.« Und nicht nur dort. Es gibt zahlreiche äußere Widerstände, die sich uns bei der Umsetzung eines Plans in den Weg stellen. Selbst der erfolgreichste Unternehmer ringt mit den Attacken des Wettbewerbs. Auch innere Widerstände können uns zu schaffen machen. So kämpft selbst die disziplinierteste Sportlerin an vielen Tagen mit dem inneren Schweinehund. Entscheidend ist jedoch, sich davon nicht unterkriegen zu lassen. Das macht den Unterschied. Wir müssen uns klarmachen: Es wird diese Barrieren auf unserem Weg geben. Die Frage ist nur: Wie gehen wir dann damit um? Solche Hürden können entweder zum Ende unserer Reise werden oder zu einem kurzen Zwischenstopp, an dem wir einmal durchatmen, darüberklettern und unseren Weg in Richtung Ziel anschließend entschlossen fortsetzen.

Erhöhe die Wahrscheinlichkeit deines Erfolges

Was ich von Fox im Verlauf unseres Gesprächs auch lerne ist: Die spektakulären Einsätze, von denen man bestenfalls nachher in den Medien erfährt, das sind seltene Momente im Alltag der Männer. Den größten Teil ihrer Zeit verbringen sie mit dem Training und der Vorbereitung auf mögliche Szenarien. Die Teams investieren unheimlich viel Zeit und Aufwand, um das zu werden, was Fox als »Gesamtpaket Hochleistung« bezeichnet. Und dieses Hochleistungspaket ist einzig darauf ausgelegt, ein vorab definiertes Ziel zu erreichen – auch gegen möglichen Widerstand. Dafür das ganze Training und die harte Ausbildung. Denn niemand kommt so auf die Welt. Die Art und Weise, wie die Männer agieren, wie sie sich in bestimmten Situationen verhalten, ist erlernt und hart antrainiert.

Aber wie schafft man es, dieses Verhalten, diese konsequente und hochgradig effiziente Umsetzung von Zielen in den Alltag zu integrieren? Ich kontaktiere hierfür Wiebke Göhner. Sie ist Professorin für Gesundheitspsychologie an der Katholischen Hochschule in Freiburg und jemand, der sich mit der Veränderung von Verhaltensmustern bestens auskennt. Göhner erforscht, wie man Menschen dabei unterstützen kann, langfristig einen gesünderen Lebensstil zu führen. Hier geht es also nicht um den Kampf gegen Terroristen. Die »Gegner«, die Göhner bekämpft, heißen Diabetes, Übergewicht oder Bluthochdruck. Doch auch dabei geht es für die Betroffenen oft ums Ganze. Die konsequente Umsetzung ihres Gesundheitsplanes ist nicht nur »nice to have«, sondern oft lebenswichtig. Die Patienten müssen auf Kurs bleiben und dürfen nicht beim ersten Hindernis aufgeben. Ich will von Wiebke Göhner wissen, was die Wissenschaft darüber weiß. Wie man einen Plan konsequent und bis zum Ende durchzieht – und natürlich auch, woran es meistens scheitert. »Das größte Hindernis ist oft das Leben selbst. Es wird einfach häufig unterschätzt, dass der Alltag eben nicht so abläuft, wie man das vorher geplant hat«, erklärt sie und sagt weiter: »Wir müssen uns klarmachen: Es wird Unsicherheiten geben, aber das heißt nicht, dass ich daran scheitere. Ich kann lernen, damit umzugehen.«

Den Autopiloten programmieren

Ein Baustein, der sich in der Forschung und der Praxis als äußerst vielversprechend erwiesen hat, ist die Entwickelung von Erfolgsroutinen. Also die Automatisierung von Handlungen im Alltag. Dinge, die wir aus Gewohnheit tun, ohne groß darüber nachdenken zu müssen. Etwa das Zähneputzen morgens und abends, oder das Anlegen des Gurtes im Auto. Wissenschaftler des MIT fanden heraus, dass bei der Entstehung einer Gewohnheit besonders die sogenannten Basalganglien aktiv sind – eine Art »Handlungsgedächtnis« im Hirn, wie es der Neurobiologie Gerhard Roth nennt.[31] Es speichert alle Bewegungsmuster ab, die einmal erfolgreich gewesen sind. »Die Basalganglien sind über mächtige Verbindungsbahnen mit allen (…) Cortexarealen verbunden, die für Planung, konkrete Vorbereitung, Ausführung von Willenshandlungen zuständig sind«, fasst Roth zusammen.[32] Wenn wir einen bestimmten Handlungsablauf neu erlernen, sind diese Bereiche im Hirn besonders aktiv. Umso öfter wir den Ablauf wiederholen, desto stärker nehmen die Aktivitäten wieder ab. Sie werden zur Gewohnheit. Das ist wie mit dem Fahrradfahren: Wenn wir es lernen, müssen wir tausend Prozesse aktiv beachten und koordinieren. Das kostet viel Kraft und Energie. Irgendwann erledigen wir das dann im Autopiloten und schreiben nebenher sogar noch eine SMS.

Wie man solche Routinen etabliert, lernen wir auch aus der Trainingspraxis der Spezialeinheiten. Denn letztlich ist ihr tägliches Training nichts anderes als das präzise Einüben bestimmter Verhaltensabläufe – wenn auch unter hoch komplexen Bedingungen. Fox vergleicht das Know-how dieser Männer mit vielen kleinen

Schubladen. Und diese Schubladen sind den Schemata einer Routine sehr ähnlich. Jede ist bis oben hin befüllt mit Spezialwissen, Techniken und Verhaltensweisen für ganz konkrete Situationen. Je nach Anlass wird eine Schublade geöffnet und das darin enthaltenen Programm gestartet und umgesetzt. Wie das konkret aussieht, erklärt Fox mir am Beispiel einer Flugzeugentführung. Die GSG 9 hat über viele Jahre die Situation an echten Maschinen trainiert. Es gab in dieser Zeit so gut wie keinen Flugzeugtyp, den das Team nicht in- und auswendig kannte. Die Idee dahinter: Tritt das Szenario eines Tages ein, weiß man, was man zu tun hat. Und vor allem wie. »Wir konnten uns in jeder Maschine blind bewegen. Jeder Handgriff, jede Bewegung war eingebrannt. Wir haben das so oft trainiert, dass wir es bei Bedarf aus dem Effeff abrufen konnten.«

Routinen als Schlüssel zum Erfolg

Der Effekt, den Dieter Fox damit beschreibt, ist aber nicht nur Spezialeinsatzkräften vorbehalten. Unser Alltag ist gewissermaßen voll davon. Man geht davon aus, dass mehr als 40 Prozent unserer täglichen Handlungen keine bewussten Entscheidungen zugrunde liegen, sondern dass sie durch Gewohnheiten gesteuert werden, wie Charles Duhigg in seinem Buch *The Power of Habit*[33] beschreibt. Und das hat einen guten Grund: Indem wir beispielsweise nicht permanent beim Atmen, Essen oder Gehen darüber nachdenken müssen, was wir tun, können wir die dabei eingesparten neuronalen Kapazitäten anderweitig einsetzen. Diesen Effekt nutzen auch die Spezialkräfte der GSG 9. Indem sie bestimmte Abläufe »blind« beherrschen, können sie ihre Aufmerksamkeit auf andere Dinge richten und selbst in hoch komplexen Situationen, wie einer Geiselbefreiung, dennoch die Übersicht behalten und blitzschnell Entscheidungen treffen.

Es gibt aber noch etwas, das Routinen so spannend für Zielerreichungsprozesse macht: Ist eine Handlungsabfolge einmal zur Routine geworden, wird sie gewissermaßen zum Selbstläufer. Manchmal sogar im wahrsten Sinne des Wortes: Wenn man regelmäßig joggen geht, dann zieht es einen nach einer gewissen Zeit ohne Sport einfach nach draußen, ohne dass man sich dafür großartig motivieren muss. Es fehlt einfach etwas, wenn wir unserer Gewohnheit nicht nachgehen. Und genau diese Eigenschaften machen Gewohnheiten so interessant für die Zielerreichung. Wiebke Göhner bringt es folgendermaßen auf den Punkt: »Routinen sind der Schlüssel zu einer langfristigen Verhaltensänderung. Wenn ich es schaffe, eine Handlung über längere Zeit immer wieder routiniert durchzuführen, dann kann sie zur Gewohnheit werden –, etwas, das ich einfach mache, ohne darüber nachdenken zu müssen.« Ich höre daraus auch den Appell: Mach deine Zielerreichung zur täglichen Routine. Wiederhole sie so oft, bis sie dir in Mark und Bein übergeht. Mach sie zu etwas, das du vermisst, wenn es mal nicht da ist.

Der Habit-Loop

Um das zu erreichen, müssen wir etwas kreieren, was die Forscher am MIT den »Habit-Loop« genannt haben. Am Anfang steht immer ein Auslösereiz, der das Programm startet, die Schublade öffnet, und der am Ende durch eine Belohnung verstärkt wird. Und dieses System kann man aktiv beeinflussen. Jemand, der etwa mehr Sport machen möchte, könnte die Laufschuhe vor das Bett stellen (Auslösereiz) und sich im Anschluss an die Joggingrunde ein leckeres Frühstück gönnen (Belohnung). Ist so ein Habit-Loop einmal etabliert, wird er zum Selbstläufer. In der Anfangsphase jedoch, ist das anders, wie Wiebke Göhner betont: »Die Forschung zeigt ganz deutlich, dass es gerade zu Beginn einer solchen Verhaltensänderung die Bereitschaft braucht, sein Leben für eine bestimmte Zeit sehr genau durchzuplanen, um die Routine zu etablieren. Wenn man dann merkt, es funktioniert mehr und mehr unbewusst, dann kann man die Planung auch wieder zurückfahren.«

Hindernisse einplanen

Entscheidend ist aber noch eine weitere Sache: Was mache ich, wenn etwas dazwischenkommt? So wie damals in Mogadischu, als die Funkgeräte der GSG 9 plötzlich ausgefallen sind. Fox erinnert sich genau an den Moment. »Wir haben alles vorher getestet und plötzlich ging nichts mehr. Mitten im Einsatz. Aber deshalb kannst du nicht einfach abbrechen.« Und dazu kommt es auch nicht. Innerhalb von Sekunden wird geklärt, dass der Einsatz weitergeht – ohne Technik. Das Team hat so ein Szenario vorher einkalkuliert, kommuniziert von nun an mit Handzeichen und beginnt mit der Erstürmung des Flugzeugs.

Solche Wenn-dann-Strategien – sogenannte Bewältigungspläne – setzt auch Wiebke Göhner ein, damit ihre Patienten bei der Umsetzung ihrer Vorhaben auch in schwierigen Phasen und bei Hindernissen am Ball bleiben. Die Idee dahinter ist relativ einfach erklärt: Die allermeisten Barrieren treffen uns nicht aus dem Nichts. Sie sind vorhersehbar. Wir können uns also bereits im Vorfeld darauf vorbereiten. Ein Beispiel aus dem Alltag: Wer regelmäßig Sport machen will, aber daran scheitert, dass er abends nicht mehr vom Sofa hochkommt, wird nach ein paar kläglichen Versuchen aufgeben. Man ist zwar motiviert, doch fehlt die nötige Willenskraft, um das Ziel auch wirklich umzusetzen. In Stein gemeißelt ist dieses Setting aber nicht, denn die Barriere ist vorhersehbar. Und wenn ich das weiß, kann ich mich entsprechend vorbereiten.

Der Trick ist nun, eine Situation zu kreieren, die meine Erfolgschancen erhöht und die Wahrscheinlichkeit zu scheitern, minimiert. Konkret bedeutet das: Ich muss es mir leicht machen zu gewinnen und schwer zu scheitern. Um auch trotz später Stunde noch Sport zu machen, könnte man sich etwa zum Laufen verabreden – und damit die Hürde erhöhen, es ausfallen zu lassen. Oder man stellt die gepackte Sporttasche bereits morgens ins Auto und fährt erst nach Hause, wenn man sein Pensum erreicht hat, und macht es sich damit leichter, sein Vorhaben umzusetzen.

Herr der Lage bleiben

Ein Plan ist also immer nur die Annäherung an die Realität, hundertprozentige Kontrolle gibt es nicht. Aber ich kann mein mögliches Scheitern vorhersehen, mich also schon heute darauf vorbereiten, wie ich die Situation morgen meistern werde. Routinen helfen dabei, dass die Zielerreichung zur täglichen Praxis wird, die ohne den Einsatz von Willenskraft und Zwang abläuft. Ich bin ehrlich gesagt erstaunt. Denn auch wenn Dieter Fox und Wiebke Göhner inhaltlich Welten voneinander entfernt sind, ihre Strategien sind sich verblüffend ähnlich. Beiden geht es darum, auch in unruhigem Fahrwasser möglichst Herr der Lage zu bleiben und niemals die Zügel aus der Hand zu geben. Sich einen Vorteil bereits dann verschaffen, wenn die Situation noch gar nicht eingetreten ist. Agieren statt reagieren. So sind sie auch in der Lage, Widerstände zu überwinden, statt deswegen aufzugeben.

So tun es übrigens auch die Männer der GSG 9 in jener Nacht in Mogadischu im Jahr 1977. Um 0:05 Uhr wird die Boeing von der Spezialeinheit wie geplant, und trotz des Funkausfalls, gestürmt. Sieben Minuten später sind Flugzeug und Passagiere befreit. Drei Terroristen kommen bei der Erstürmung durch die GSG 9 ums Leben, einer wird verletzt. Das Wichtigste aber ist: Alle Passagiere können lebend gerettet werden.

Etappen-Challenge: Wenn-dann-Strategie entwickeln

Woran ist dein Vorhaben bisher gescheitert? Und woran könnte es in Zukunft scheitern? Schreibe jede Barriere, die dich von der Umsetzung deines Vorhabens abhält, auf ein Blatt Papier. Definiere nun, was du tun kannst, um dein Ziel dennoch zu erreichen. Wie kannst du deinen Erfolg wahrscheinlicher machen?

Mental-Hack: Auf das Warum & Wozu besinnen

»Ich musste mich nie motivieren, das harte Training durchzuführen. Weil ich mir immer bewusst gemacht habe, warum ich diesen Job mache und diesem Team beigetreten bin. Wenn ich mich mit meinem Auftrag tief identifiziere, fällt mir der Leistungsweg leichter. Für mich war es daher kein Müssen, sondern eher ein Wollen«, sagt Dieter Fox. Aus dem Coaching wissen wir, dass besonders in schwierigen Momenten aus dem hochmotivierten Wollen der Anfangsphase schnell ein unliebsames Müssen wird, verbunden mit Zwang, Druck und Unlust. Wichtig ist, niemals zu vergessen, aus welchen Gründe man sich ursprünglich auf diese Reise begeben hat und dadurch auch den Punkt erreicht hat, an dem man gerade steht. Lass dich nicht von kurzen Irritationen ablenken. Betrachte das große Ganze, und mach dir klar: Dieses Problem hier und jetzt ist Teil dessen, was du dir gewünscht hast. Besinne dich auf deine Ursprungsmotivation. Augen zu und durch!

2.6 Das klappt bestimmt: Hoffnung und positive Einstellung

Was du in dieser Etappe lernst:

Wie du den Blick nach einem Rückschlag wieder nach vorne richtest und dich mithilfe kleiner Erfolge ans Ziel pushst.

Der 13. Januar 2016 ist ein nebliger Wintertag. Und genau aus diesem Nebel taucht plötzlich eine Gestalt auf. Es ist ein Skispringer im Landeanflug. Aber irgendetwas stimmt da nicht: Der Athlet rudert mit den Armen, und es wirkt irgendwie, als liege er schief in der Luft, anstatt in dem für diesen Sport so typischen Gleitflug, den man aus dem Fernsehen kennt. Dann schlägt er in vollem Tempo – mit rund 120 Stundenkilometern – auf dem eisigen Boden auf und der Körper schlittert mit hoher Geschwindigkeit weiter, bis er schließlich ohne jede Regung liegen bleibt. Es ist der Körper von Lukas Müller, und dieser Sturz beendet die vielversprechende Karriere des damals 23-Jährigen. »Der Unfall war ein gravierender Wendepunkt in meinem Leben«, sagt der ehemalige Leistungssportler heute. »Er hat mir gezeigt, dass eine Sekunde ausreicht, damit sich das Leben in eine komplett andere Richtung entwickelt.« Ein Leben, das lange Zeit überwiegend von Sport erfüllt war.

Rückblick: Mit zwölf Jahren springt Lukas Müller das erste Mal von einer Skisprungschanze; auf Skiern steht der Österreicher ohnehin schon seit dem Kindergartenalter. Der Jugendliche zählt schnell zu den großen Talenten seines Sports, feiert national und international Erfolge. Mit 16 Jahren ist er Juniorenweltmeister, und bei seiner ersten Vierschanzentournee im Jahr 2010 belegt er den sechsten Platz und lässt sogar die Stars der Szene hinter sich. Weder im Training noch im Wettkampf kommt er ohne Blessuren davon, das ist bei dieser riskanten Sportart auch gar nicht machbar. Doch dieser eine Sturz bei einem Testsprung am Kulm im Vorfeld der Skiflugweltmeisterschaft stellt Lukas Müllers Leben von einem Moment auf den anderen auf den Kopf. »Mein erster Gedanke, als ich dalag, war: Ich kann meine Füße nicht mehr bewegen, und als ich mich auf den Bauch drehen wollte, hat auch das nicht funktioniert. Ich habe also schnell gemerkt, dass ich von der Brust abwärts keine Kontrolle mehr über meinen Körper habe. Aber obwohl ich gewusst habe, dass sich da wahrscheinlich gerade mein Leben verändert, war ich trotzdem relativ ruhig. Ich habe schon gewusst: Entweder ist das jetzt ein Schock, oder ich befinde mich am Beginn einer ziemlich langen Reise«, erinnert er sich an die Momente nach dem Aufprall. Kein Stocken oder Zögern in der Stimme, das darauf hindeuten könnte, ob das Geschehene noch sehr an ihm nagt.

Schnellstmöglich wird der Verletzte ins Krankenhaus nach Graz gebracht. Es folgen verschiedene Untersuchungen, Computertomografie, Magnetresonanztomografie und schließlich eine Operation mit anschließendem künstlichen Koma. Die Diagnose: inkomplette Querschnittslähmung. Lukas Müller hat sich bei dem Sturz den sechsten und siebten Halswirbel gebrochen. Und das bedeutet für ihn – zumindest erst einmal – ein Leben im Rollstuhl. »Ich hatte keine Zeit für Trauer. Ich war viel zu sehr damit beschäftigt, die Situation zu verstehen«, erzählt er mir. Solche Aussagen klingen tapfer, doch hört man genauer hin, erkennt man die Zwischentöne und die Dunkelheit, die auch da waren und sind. Lukas Müller versucht aber nicht, die schlechten Seiten zu überspielen. So berichtet er beispielsweise von seiner Enttäuschung nach der ersten Operation, weil sie keine große Verbesserung brachte. »Ich lag auf der Intensivstation und dachte mir: Jetzt bist du ein kompletter Pflegefall und kannst ohne die Hilfe anderer nicht essen oder auf die Toilette gehen.« Solche Tage gibt es bis heute. Lukas Müller bezeichnet sie frei heraus als »Scheißtage«. Tage, an denen er den Rollstuhl am liebsten aus dem Fenster werfen würde. Doch er relativiert das Ganze humorvoll: »Das Problem ist nur, dass ihn dann ja wieder jemand für mich holen müsste. Ich komme ja ohne ihn nicht weit.«

Mentale Anker setzen

Beim Skispringen fliegt das Risiko immer mit, denn die Athleten sind schließlich hoch in der Luft mit einem Affenzahn unterwegs. Natürlich hat der Sportler seinen Unfall im Geiste mehrfach durchgespielt, auf der Suche nach dem Grund und nach dem Fehler. Letztlich kommt er aber zu dem Schluss, dass er in der Situation alles richtig gemacht hat, und macht sich selbst keine Vorwürfe. Ohnehin legt Lukas Müller den Fokus lieber auf das Positive und richtet seinen Blick in die Zukunft: »Ich habe mir gedacht: Was mache ich jetzt als Nächstes? Mache ich mir Gedanken, wie und warum das alles passiert ist? Warum das Schicksal mich erwischt hat? Oder sage ich, gut, ich kann die Zeit nicht zurückdrehen, und schaue, was ich daraus machen kann.« Und auch seine Pläne für die Zukunft sind klar. »Ich habe einen inkompletten Querschnitt«, erklärt er mir. »Das Rückenmark ist also nicht komplett durchtrennt. Es gibt also Funktionen, an denen ich arbeiten kann. Bei vielen solcher Fälle wird noch nach 25 Jahren ein Erfolg verbucht!« Sein mentaler Anker ist gesetzt – es gibt Hoffnung, und die beflügelt ihn, weiter intensiv an seiner Genesung zu arbeiten.

Ich finde, das leuchtet ein. In jeder Situation gibt es positive und negative Aspekte und ebenso sind positive und negative Konsequenzen zu erwarten. Wichtig ist, dass wir uns auf die positiven und die veränderbaren Dinge konzentrieren. Beeindruckend ist Lukas Müllers Charakter, der ganz im Sinne des Sports auf Leistung, Zielsetzung und -erreichung ausgerichtet ist. Anders als wir »Normalos« braucht er nur einen Funken Hoffnung, und er schaltet dann sofort in den Modus »einfach machen« um. Wie ein Kletterer: Ihm reicht ein kleiner Felsvorsprung, in den er seine Fingerkuppen versenken kann. Dann vertraut er auf seine Fähigkeiten, denkt positiv und zieht sich hoch bis zum nächsten kleinen Spalt. Und zum nächsten. Und immer weiter. Lukas Müller verbuchte dabei schon Kleinigkeiten als Sieg und war dankbar: »Um meine Wirbel zu stabilisieren, wurde ich von vorne aufgeschnitten. Eigentlich hätte es auch noch von hinten einen Eingriff geben sollen. Aber das war dann zum Glück nicht nötig. Ich dachte: Super, ich spare mir damit eine Operation!«

Ich ziehe daraus die klare Message: Leb nicht in der Vergangenheit, verlier dich nicht in der Frage, was passiert wäre, wenn ... Konzentriere dich lieber darauf, das Gute zu erkennen. Akzeptiere deine aktuelle Situation – in vielen Fällen ist sie ja ohnehin nicht zu ändern, oder? Es ist, wie es ist. Such deinen persönlichen kleinen Felsvorsprung, der dir den nächsten kleinen Schritt ermöglicht. Es gibt immer etwas, und sei es nur eine Kleinigkeit.

Der Zauberer von Oxford

An der Universität von Oxford findet sich jemand, der sein gesamtes Forscherleben diesen Kleinigkeiten gewidmet hat. Sein Name ist James Wilk, und er lehrt Philosophie am St. Edmund Hall College. Zu seinen Spezialgebieten zählen unter anderem die Metaphysik, die Philosophie des Geistes und die Lehren von Ludwig Wittgenstein. Sein eigentliches Fachgebiet ist aber eine Theorie, die er selber entwickelt hat: nämlich die Theorie des radikalen Wandels. Sie ist in meinen Augen so bizarr wie bestechend und – das muss man gleich dazusagen – in akademischen Kreisen äußerst umstritten. Wilk schert sich aber nicht darum und hält seinen Kritikern eine

Reihe von Kunden entgegen, denen er mit seiner Theorie dazu verholfen haben will, Millionen von Dollar zu verdienen oder einzusparen.

Aber der Reihe nach. Worum geht es eigentlich? Wilks Konzept beruht auf der Idee des »Butterfly-Effects«. Dieser besagt, dass der Flügelschlag eines Schmetterlings in Australien einen Tornado in Kanada auslösen kann. James Wilk nimmt diesen Gedanken auf, denkt ihn aber weiter oder, besser gesagt, er kehrt ihn radikal um. Sein Ansatz lautet: Was wäre, wenn man genau voraussagen könnte, welcher Schmetterling zu welcher Zeit an welchem Ort und mit wie vielen Schlägen seine Flügel bewegen müsste, um in Hamburg einen lauen und sonnigen Sommerabend zu verursachen? Wilk überträgt diese Idee auf unser gesamtes Leben. »Jeder hat Erfahrungen gemacht, wo er in seinem Leben großen Erfolg hatte. Wir blicken zurück und erkennen, dass es nur ein oder zwei kleine Dinge waren, die wir dafür getan haben. Wenn wir das schon früher gewusst hätten – ein Anruf, ein Essen mit einer Person –, dann hätte es uns viel Mühe erspart. Ich will damit sagen, du kannst diese Dinge im Voraus finden.«[34] Und gerade der letzte Satz ist entscheidend. Im Nachhinein ist es leicht, eine Kette von Ereignissen zurückzuverfolgen und an deren Beginn den entscheidenden Moment, den »Game-Changer«, wie Wilk es nennt, zu identifizieren. Nur wie soll man das im Voraus planen?

Darauf gibt Wilk keine genaue Antwort, sondern verweist auf seine Forschung und seine Erfolge. Sein Kernargument ist dabei so simpel wie provokant: Veränderung ist stets einfach, und sie findet immer sofort statt – egal wie groß das System ist. Zugegeben, der Kerl hat Mut. Denn nicht jeder findet Gefallen an solchen Aussagen. Schließlich lebt eine ganze Industrie davon, dass Veränderung eine Menge Zeit und Energie braucht und der Erfolg dennoch ungewiss bleibt. Ich selbst habe viele Jahre als Berater im Change-Management gearbeitet und Firmen bei Fusionen, Börsengängen oder Restrukturierungen begleitet. Die meisten Projekte gingen über Jahre und haben viel Personal und noch mehr Gelder gebunden. Hinzu kommen Regalmeter um Regalmeter an Forschung zum Thema Organisationsentwicklung und deren komplexes Handling, die Wilk einfach mal so vom Tisch wischt – und dafür logischerweise nicht immer Applaus erntet. Für seine Behauptung, der Konflikt im Mittleren Osten ließe sich mit einem Einzeiler lösen, flog er einmal hochkant aus der Chefetage einer NGO heraus.[35]

Ihn selbst scheint das nicht zu stören. 35 Jahre Forschung stecken in seinem Konzept, das übrigens auch Inhalt seiner Promotion gewesen ist. In vier Bänden beschreibt diese Schrift mit dem Titel *Principium Metamorpholigica* seine Definition einer neuen Wissenschaft der Veränderung – »eine aufstrebende Disziplin«, wie er selbst sagt. Wer dennoch an ihm zweifelt, dem hält er entgegen, was er mit diesem Ansatz schon alles bewirkt habe. Da wäre etwa das Unternehmen, dem der Verlust der Hälfte seines Umsatzes drohte und das die Bedrohung mit Wilks Hilfe abwenden konnte und noch dazu florierte und weiter wuchs. Wilk will dieses Ergebnis durch eine Kette von Ereignissen ausgelöst haben, an deren Anfang eine sorgfältig formulierte Nachricht aus 37 Worten stand. Wer jetzt schon schmunzelt, dem wird das nächste Beispiel gefallen: Wilk riet dem unter Druck stehenden CEO einer großen Organisation, die sich in inneren Turbulenzen befand, die Kaffeekannen in den Teeküchen fünfzig Zentimeter von einer Seite der Wand zur anderen zu bewegen. »Meine wissenschaftliche Analyse hatte ergeben, dass dies ausreichen würde, um die unnachgiebige Kultur und das Funktionieren der Organisation über Nacht zu verändern. Es hat funktioniert.«[36]

Suche nicht nach Veränderung, erschaffe sie

Sicher kann man sich über jemanden wie Wilk amüsieren. Aber seine grundlegende Theorie hat zweifellos etwas Bestechendes: Veränderung ist seiner Meinung nach nicht etwas, das man herbeiführen oder verursachen kann. Veränderung ist etwas, das in jeder Situation bereits immer schon angelegt ist. Man muss »nur« die richtige Stelle finden, um sie freizusetzen. Im Wilk'schen Sinne muss man dazu eben auch mal um die Ecke denken: Um ein bestehendes Muster zu verändern, muss man festlegen, welche Beschränkungen notwendig sind, die alle anderen Entwicklungen unmöglich machen. Ich stelle mir das bildlich wie einen reißenden Fluss vor: Er ist ungebändigt und kann jederzeit über die Ufer treten. Wenn ich nun will, dass er seinen Lauf in eine ganz bestimmte Richtung ändert, muss ich mit einem Staudamm verhindern, dass er aus seinem Bett ausbricht. Oder die Schleusen des Staudamms öffnen, um ihm den Weg zu ermöglichen. Was ich als Staudamm bezeichne, nennt Wilk »Beschränkungen«. Nach ihnen sucht er, denn sie bilden für ihn den Anfang jeder Veränderung. »Stell dir vor, du könntest für jede gewünschte Änderung die kleinste Aktion festlegen, die du jetzt ergreifen könntest, um die Situation in kürzester Zeit, mit wenig Ressourcen, wenig Risiko und ohne unerwünschte Nebenwirkungen vom bestehenden in den gewünschten Zustand zu bringen.«[37] Veränderung muss also nicht erst ins System gebracht werden, sie ist dort immer schon angelegt und muss nur freigelassen oder erzwungen werden.

Ich kann nicht zweifelsfrei beurteilen, ob James Wilk ein Genie ist oder ein Betrüger, wie Ned Hall, Professor für Philosophie an der Harvard-Universität es ausdrückt.[38] Entscheidend ist für mich sein Grundgedanke, dass Veränderung im Kleinen beginnt, um in etwas Großem aufzugehen. Wilks Idee der radikalen Veränderung durch kleinste Interventionen ist in meinen Augen eine neue Denkrichtung, und auch mein Gespräch mit Lukas Müller lieferte Hinweise darauf, wie bedeutsam kleine Interventionen für große Veränderungen sind. Denn vor allem die kleinen Erfolge waren es, die Lukas Müller haben weitermachen lassen – und das hat sich bis heute nicht geändert. Ein Moment der Hoffnung war dabei besonders entscheidend: Lukas Müller lag noch im Krankenhaus und schaute sich im Fernsehen das Hahnenkamm-Rennen in Kitzbühel an, als er eine sensationelle Entdeckung machte: Er konnte seinen Zeh bewegen. Sofort rief er die Physiotherapeutin, um es vor ihren Augen zu wiederholen. Die Expertin bestätigte: Das war ein willentlicher Reiz – also keine Spastik, sondern eine gewollte Bewegung. »Das hat alles, was dann folgte, ins Rollen gebracht«, erzählt Müller. »Ich wusste, dass ich die Chance habe, meine Situation zu verändern, und ich habe sie ergriffen. Denn das habe ich auch aus meinen Sturz gelernt: Hinter jedem Tag, jeder Sekunde kann ein Wendepunkt liegen, der dein Leben verändert.«

Ein kleiner Schubs

Ein ganz ähnlicher Gedanke bescherte seinem Urheber im Jahr 2017 den Wirtschaftsnobelpreis: die Idee der Nudges oder der kleinen Schubser des amerikanischen Ökonomen Richard Thaler. Er und seine Kollegen der Verhaltensökonomie haben nachgewiesen, dass Menschen oftmals irrational handeln. Um sie davor zu bewahren und quasi vor sich selbst zu schützen, hat Thaler die *Nudges*, also kleine Schubser, entwickelt. Sie sollen eine Art Entscheidungshilfe darstellen. Thalers Theorie zielt dabei hauptsächlich auf Schubser, mit denen der Staat seine Bürger sanft in die »richtige Richtung« lenkt. Nehmen wir mal das Beispiel Altersvorsorge: Obwohl wir alle wissen, dass wir eigentlich privat etwas für die Rente zurücklegen sollten, tun es nur die allerwenigsten. Wir handeln irrational. Bei der Altersvorsorge-Problematik schlägt Thaler etwa vor, dass Arbeitnehmer einmal festlegen, welchen Anteil ihres Lohns sie direkt für die Altersvorsorge zurücklegen wollen, und auch gleich sagen, wie er bei einer Gehaltserhöhungen ansteigen soll. Indem der Arbeitnehmer also bereits im Vorfeld entscheidet, schützt er sich selbst vor der Möglichkeit, das Geld anderweitig auszugeben, wenn er seinen Lohn bekommt und selbst etwas zurücklegen soll.

Tatsächlich nutzen all die unterschiedlichen Menschen, mit denen ich für dieses Buch sprechen durfte, dieses Prinzip der kleinen Schubser, um sich auf dem Weg von der Idee zur Umsetzung zu pushen. Sie schubsen sich förmlich selbst über die Barrieren und durch die Täler auf dem Weg zu ihrem Ziel. Mit kleinen, gezielten Interventionen kommen sie auf die nächste Ebene und nähern sich Stück für Stück ihrem Ziel. Waltraud Cichon zum Beispiel meldete sich bei der Klavierstunde an, obwohl sie große Zweifel hatte. Und die Triathletin Daniela Bleymehl (geb. Sämmler), die du im nächsten Kapitel kennen lernen wirst, ging mit ihrem Ziel, einen Tempo-Rekord brechen zu wollen, einfach an die Öffentlichkeit – obwohl sie sich nicht sicher war, ob es klappt. Mit diesem gewissen Druck im Hinterkopf war es für sie schwerer, im letzten Moment einen Rückzieher zu machen.

Ein winziger Moment, eine scheinbar unbedeutende Handlung, die das ganze Leben verändert – diese Sicht läuft meiner bisherigen Vorstellung komplett entgegen. Für mich ging Veränderung bisher irgendwie immer mit großen Mühen und Anstrengungen einher und auch mit der Angst, das gesteckte Ziel – womöglich sogar zum wiederholten Mal – nicht zu erreichen. In diesen neuen Ideen und Denkansätzen entdecke ich nun aber eine wohltuende Leichtigkeit, gepaart mit einer starken Fokussierung auf das zu erreichende Ziel.

Etappen-Challenge: Dankbarkeit üben

Nimm dir einen Moment Zeit und überlege dir, wofür du in deinem Leben dankbar sein kannst: Was hast du bereits alles? Was läuft richtig gut? Du kannst auch eine Liste der Dankbarkeit erstellen. Schreib dir zum Beispiel jeden Abend vor dem Schlafengehen ein paar Dinge auf, für die du gerade jetzt dankbar bist. Das dürfen auch Kleinigkeiten sein, denn du weißt ja jetzt: Womöglich sind eben diese Details ausschlaggebend für die Erreichung deines Ziels. Du wirst sehen: Je öfter du dich mit den positiven Dingen in deinem Leben beschäftigst, desto mehr positive Aspekte werden dir auffallen!

Mental-Hack: Visualisiere dein Ziel – in vielen Varianten

»Ich habe gewusst, es gibt fünf oder sechs mögliche Szenarien, wie ich aus der Reha rausgehe: entweder im Rollstuhl oder frei gehend als die beiden Enden einer Skala. Dazwischen dann noch Varianten: mit zwei Krücken, mit einer Krücke, mit einem Rollator.« Lukas Müller setzte sich also nicht ein einziges Ziel, das vielleicht unrealistisch und somit unerreichbar ist, sondern malte sich verschiedene vorstellbare Abstufungen aus, wie er die Reha-Klinik verlassen könnte. Er visualisierte gleich fünf Zielzustände. Das hat ihn motiviert, erst mit dem Lokomat – so etwas wie ein Gehroboter – und dann im Wasser gehen zu üben. Probiere doch mal, dein Ziel auch in unterschiedlichen Varianten zu denken. Klassifiziere sie von »leicht machbar« bis hin zu »sehr ambitioniert«. Vergiss dabei nicht, einen Zeitraum zu definieren, in dem du dein Ziel erreichen willst.

2.7 Gut genug: Raus aus der Perfektionismusfalle

Was du in dieser Etappe lernst:

Wie du mithilfe von mentalen Bildern Motivationshürden überwindest und warum dich deine »Unvollkommenheit« erst stark macht.

Hawaii war für Daniela Bleymehl immer schon das Ziel ihrer Träume. Sie lockten aber nicht die grünen Palmen, das blaue Meer und die weißen Strände auf die Pazifikinsel. Es ist die Ironman-Weltmeisterschaft, das älteste und bekannteste Triathlon-Rennen der Welt. Und das vielleicht härteste noch dazu: 3,86 Kilometer Schwimmen, 180,2 Kilometer Radfahren und 42,195 Kilometer Laufen – so weit die Fakten. Hinzu kommen große Hitze, starker Wind und die harte Konkurrenz. Denn auf Hawaii versammeln sich die Stars der Szene. Jeder Triathlet träumt davon, hier einmal als Sieger auf dem Treppchen zu stehen. Das gilt auch für Daniela Bleymehl. Sie ist 27 Jahre alt, seit knapp drei Jahren Profi und Mitglied im renommierten Erdinger-Team, als sie sich 2016 für Hawaii qualifiziert. Die Rahmenbedingungen hätten also besser nicht sein können. Was dann jedoch folgt, ist ein Desaster. Daniela legt anfangs einen guten Start hin und kann auch einige Zeit mit dem Hauptfeld mithalten, dann aber beginnt ihr Körper zu streiken. Sie bekommt Schmerzen im Unterbauch, die im Verlauf des Rennens immer schlimmer werden. Von einer guten Platzierung entfernt sie sich mit jeder Minute mehr und mehr. Sie muss sich entscheiden. Mit der Option, das Rennen wegen körperlicher Probleme abbrechen zu müssen, hat sie sich jedoch vorher nicht wirklich auseinandergesetzt. Daniela läuft weiter und schafft es schließlich als 36. Frau in der Profiwertung ins Ziel. Von dort wird sie direkt ins Sanitätszelt gebracht und dann weiter ins Krankenhaus.

»Hawaii war der absolute Tiefpunkt meiner Karriere«, sagt Daniela, als wir darüber sprechen. Nicht nur, dass sie das bisher schlechteste Rennen gelaufen ist und im Anschluss im Krankenhaus landete. Hinzu kamen noch die Vorwürfe. Hätte sie aussteigen sollen, statt weiterzulaufen und damit womöglich ihre Gesundheit aufs Spiel zu setzen? So hart die Zeit aber war, heute blickt sie mit einer gewissen Dankbarkeit darauf zurück. »Ich sehe das als Lernerfahrung, die mich weitergebracht hat. Ich habe mich danach zum ersten Mal bewusst mit der Frage auseinandergesetzt, wie ich in Zukunft mit Hindernissen während eines Rennens umgehen kann.« Denn genau das hat sie auf Hawaii erlebt: Das Klima setzt ihr zu, ihr Magen verweigert die Aufnahme von Nahrung und Flüssigkeit und durch die Schmerzen kann sie über weite Strecken nur noch gehen. Diese Situation trifft sie vor allem deshalb so hart, weil sie nicht darauf vorbereitet ist. »Mit solchen Bildern habe ich mich in der Vorbereitung überhaupt nicht konfrontiert. Das schlimmste Szenario, das ich mir vorher ausgemalt habe, war eine Reifenpanne oder Probleme mit der Technik. Dass mein Körper in dieser Heftigkeit streiken könnte, darauf war ich nicht vorbereitet.«

Die negativen Stimmen zum Schweigen bringen

Das soll ihr in Zukunft nicht mehr passieren. Zurück in Deutschland lässt sie sich medizinisch durchchecken, und man findet dabei tatsächlich eine Ursache für ihre körperlichen Probleme während des Rennens: ein Knoten auf der Schilddrüse. Doch während der relativ leicht entfernt werden kann, ist das Erlebte nicht so leicht abzuschütteln. Die Erfahrung des Scheiterns und das Gefühl, nicht mehr Herr im eigenen Haus zu sein. Neben den körperlichen Schmerzen hat auch das Selbstbild gelitten. Denn auf Hawaii versagt Danielas Körper ihr erstmals den Gehorsam. Was, wenn das wieder passiert? Als Triathletin kann sie sich so eine Schwäche nicht leisten. Sie muss jederzeit in der Lage sein, auch dann noch zu funktionieren, wenn der Körper laut und deutlich »Nein« sagt. Daniela ist klar: Sie muss das in den Griff kriegen, sonst wird die Unsicherheit sie bei jedem zukünftigen Rennen begleiten. Sie sucht Hilfe und findet schließlich einen Mentaltrainer, der viel Erfahrung in der Arbeit mit Spitzensportlern mitbringt. Gemeinsam entwickeln sie Strategien, wie Daniela zukünftig auch mit negativen Dingen im Verlauf eines Rennens umgehen kann. »Wenn zum Beispiel die Schmerzen kommen, die bei solchen Distanzen einfach dazugehören«, erklärt Daniela. »Wenn der Körper nicht mehr weiter will und jeder Schritt einem enorme Willenskraft abverlangt.«

Sie erzählt mir von den Rennen, die sie absolviert; von den körperlichen und geistigen Anstrengungen, die den Athleten dabei abverlangt werden. Es erscheint mir wie eine Allegorie auf das Leben selbst zu sein. Allein dieses Gefühl, dass einem unterwegs die Puste ausgeht, dass man den Anforderungen nicht gewachsen zu sein scheint, dass der Weg einfach zu lange und zu schwer für einen ist – das kenne ich aus der Begleitung vieler Veränderungsprozesse. Ein bestimmtes Ziel zu erreichen, erfordert eben oft Kraft und Ausdauer. Da gibt es auch Phasen, in denen man ans Aufgeben denkt, und das Ziel so weit weg erscheint. Zu den äußeren Widerständen kommen dann oft noch innere hinzu. Vor allem der Umgang mit dem eigenen Anspruch: Darf ich auf meinem Weg auch mal an Grenzen stoßen? Muss ich alles perfekt schaffen? Und was ist, wenn ich es nicht so hinkriege, wie ich es mir vorgenommen habe? Viele geben in solchen Momenten auf, weil sie wegen eines punktuellen Widerstands den gesamten Weg infrage stellen. Da führt schon ein kleines Abweichen vom Plan zum Ende des gesamten Projekts. Aus meiner Erfahrung scheitern viel mehr Projekte an solchen kleinen Hürden als an großen Widerständen. Deshalb ist es wichtig, über eine Technik zu verfügen, die einen über diese Hürden hinwegträgt. Ein kleiner Schubs, mit dem wir uns eine hoch dosierte Einheit Motivation quasi als Direktinjektion verabreichen können. Legales Doping für den Kopf, das uns dabei hilft, in einem Moment des Strauchelns sagen zu können: »Weiter geht's. Ich ziehe das jetzt durch!«

Daniela erreicht diesen kleinen Schubs im Rennen mithilfe von mentalen Bildern, die sie mit ihrem Trainer zusammen entwickelt hat. Dabei macht sie sich eine Erkenntnis der Hirnforschung und Psychologie zunutze, die von vielen Top-Athleten angewendet wird: Das, was wir Realität nennen, entsteht eigentlich erst in unserer Vorstellung. Demzufolge können wir auch steuern, wie wir eine Situation wahrnehmen und erleben. Hinter der Idee des Mentaltrainings steht im Prinzip der Gedanke, diese Wahrnehmung steuern und kontrollieren zu können. Daniela verfügt über eine ganze Reihe mentaler Bilder, die sie, je nach Situation, einfach und schnell im Geiste hervorholen kann, um mit negativen Gedanken fertigzuwerden. Ein Beispiel dafür sind die Stimmen, die ihr unterwegs einflüstern, anzuhalten und aufzuhören. Solche Tiefpunkte gibt es in jedem Rennen und bei jedem Athleten. Entscheidend ist, ob man es schafft, diese Stimmen zum Schweigen zu bringen, bevor sie dich dazu bringen, aufzugeben. Normalerweise erfordert das einen langen und anstrengenden gedanklichen Prozess, um sich aus so einem Tief selber herauszuziehen. Zeit und Energie, die man in der Rennsituation nicht hat. Man braucht also eine Abkürzung. Daniela Bleymehl kennt sie: Sie hat ein inneres Bild entwickelt, das ihr auf kürzestem Weg den notwendigen motivationalen Push gibt, um den Zweifel abzuschütteln. Es ist das Bild von Engelchen und Teufelchen. Wenn die negativen Stimmen sie also zum Aufgeben animieren, gibt es da noch die anderen, die sagen: »Komm schon, bis zur nächsten Verpflegungsstation sind es nur noch ein paar Minuten. Das kriegst du hin.« Das Bild des Engelchens hilft ihr über diese schweren Momente hinweg, in denen das Teufelchen laut schreit, sie solle stehen bleiben. Ein Gefühl, das sie dank mentaler Programmierung beliebig aktivieren kann, ohne vorher einen langen gedanklichen Prozess durchlaufen zu müssen. »So komme ich sehr schnell wieder aus einer negativen Situation heraus.«

Exzellenz über Perfektion

Manchmal helfen aber selbst die besten Hacks nicht weiter. Etwa dann, wenn Dinge geschehen, auf die wir keinen Einfluss haben. Ereignisse, die uns für längere Zeit aus der Bahn werfen. Dann reicht es nicht, sich mal eben über eine Hürde zu schubsen. Dann brauchen wir einen größeren Hebel, um die Schwierigkeit zu bewältigen. Und das kann nur unsere Haltung sein. Also die Art und Weise, wie wir einer Situation mental begegnen, wie wir sie bewerten und einordnen, wie wir uns in ihr bewegen. Welche Haltung das sein kann, zeigt uns eine Geschichte, die Daniela im Jahr 2016 erlebt. Sie ist für den Ironman in Frankfurt gemeldet, doch wenige Wochen vor dem Start klemmt sie sich einen Nerv im Rücken ein. Die Spitzensportlerin ist zu einer Zwangspause verdonnert, kann sich sieben Wochen lang fast gar nicht bewegen und erst recht nicht laufen. Ihre gewohnte Trainingsroutine kann sie jetzt vergessen. »Das war mental eine der größten Herausforderungen in meiner Karriere. Ich bereite mich gewöhnlich immer sehr genau auf ein Rennen vor. Das fehlte mir dieses Mal. Ich wusste nicht, ob ich die innere Sicherheit habe, das Rennen zu schaffen.« Daniela geht dennoch an den Start, zwar ohne Schmerzen, aber ob sie wirklich laufen kann, das weiß sie selbst unmittelbar vor dem Rennen nicht. Der Ironman in Frankfurt wird dann zum unerwarteten Erfolg: Dritter Platz für Daniela Bleymehl. Größer noch als der Platz auf dem Siegertreppchen ist der innere Sieg. Sie bezeichnet das Rennen noch heute als eine ihrer größten Leistungen. Auch, weil es für sie eine wichtige Lernerfahrung war: »Es hat mir gezeigt, dass ich auch unter vermeintlich schlechten Bedingungen eine sehr gute Leistung abrufen kann«, so Bleymehl. »Auch wenn es mal nicht so läuft, wie ich es mir wünsche, so weiß ich heute, dass es trotzdem gut werden kann.«

Ich würde sogar noch einen Schritt weiter gehen und sagen, dass es vielleicht gerade deshalb gut geworden ist. Darauf deutet zumindest die Forschung von Dr. Brené Brown hin, die an der Universität Houston zum Thema »Perfektionismus« forscht. Ihre Studien[39] zeigen, dass gerade die Fähigkeit, die eigene Verletzlichkeit anzunehmen und nicht zu verstecken, starke und gefestigte Persönlichkeiten ausmacht. Solche Menschen, betont Brown, sehen in ihrer Verletzlichkeit eben keinen Makel, sondern die Voraussetzung, um zu wachsen und am eigenen Leben zu gewinnen. Dabei gehen sie bewusst Risiken ein und verstecken sich nicht hinter einer emotional harten Schale. Solche Menschen gestehen zum Beispiel Fehler ein, ohne zu wissen, ob ihr Gegenüber das womöglich ausnutzt. Oder sie machen nach einem Streit den ersten Schritt, auch wenn sie in diesen Momenten verletzbarer werden. Und sie artikulieren Bedürfnisse und Wünsche, auch wenn man es ihnen als Schwäche auslegen könnte. Zu einer solchen Haltung gehören Mut und die Bereitschaft, in Vorleistung zu treten. Leben ohne Garantien. Einen Einsatz zu wagen, ohne zu wissen, ob etwas zurückkommt. Das können nur wenige.

Wenn Daniela unvorbereitet und ungewiss in Frankfurt an den Start geht, dann erteilt sie uns doch eine wichtige Lektion: Wenn wir uns unsere Verletzlichkeit eingestehen, sie annehmen und akzeptieren, lösen wir uns vom Zwang, perfekt sein zu müssen. Das bedeutet nicht, dass wir uns mit Mittelmaß zufrieden geben. Wir hören nur endlich damit auf, Exzellenz mit Perfektion zu verwechseln. Exzellenz liegt in unseren Händen, wir können sie erreichen, durch harte und ausdauernde Arbeit, durch stetiges Lernen, durch Versuch und Irrtum und kontinuierliche Verbesserung. Perfektion hingegen ist ein Ideal, es kostet Zeit und Energie und bleibt am Ende doch immer unerreichbar. »Man wird niemals 100 Prozent erreichen«, betont auch Daniela Bleymehl. »Wenn man sich das eingesteht, ist es gleich viel leichter. Früher habe ich mich sehr über meine Leistung definiert. Heute weiß ich, dass man durch einen Sieg kein besserer oder schlechterer Mensch ist und nicht versagt, wenn man mal vom Plan abweicht.«

Frei gelaufen

Es ist eine Befreiung, den eigenen Perfektionismus hinter sich zu lassen. Zu wissen, ich kann darauf vertrauen, meine Leistung abzurufen. Und wenn ich mal unter den Erwartungen bleibe, dann ist das auch okay. Daniela weiß heute: Auch wenn ein Kilometer mal schwierig ist, der nächste kann schon wieder ganz anders aussehen. Vielleicht ist es auch diese Erfahrung und die neue Leichtigkeit, die sie dazu bringen, 2018 etwas zu wagen, das eigentlich völlig untypisch für sie ist. Bei einer Pressekonferenz gibt sie bekannt, dass sie im Juni 2018 bei der »Challenge Roth« – neben dem Ironman das wichtigste Rennen in der Triathlon-Szene – die zehn Jahre alte Bestzeit brechen will. In unserem Gespräch, das ein paar Monate vor dem Rennen stattfindet, gibt sie zu, dass es für sie völlig untypisch ist, sich freiwillig in so eine Drucksituation zu begeben. Sie tut es dennoch. Das macht sie angreifbar, weil sie etwas von sich preisgibt, das in vielerlei Hinsicht nicht den Erwartungen entspricht: eine Frau, die an die Spitze will, die sich zutraut, besser zu sein als andere, und die dafür eine große Portion Ehrgeiz offenbart – Eigenschaften, die es in unserer Kultur eh schwer haben, wo Bescheidenheit und Zurückhaltung eher das Maß vorgeben. Daniela macht es trotzdem. Sie geht in das Rennen, und sie gewinnt tatsächlich. In einem der spannendsten Finale der letzten Jahre lässt sie die eigentliche Favoritin aus Großbritannien hinter sich und gewinnt das Rennen mit einer Zeit von 8:43:42 Stunden. Wenige Wochen später gewinnt sie in Italien dann den nächsten Ironman und sichert sich damit zugleich das Ticket für die Weltmeisterschaft 2019 auf Hawaii. Zum ersten Mal ist sie dann nach dem Scheitern 2016 wieder auf der Insel der Triathlon-Träume. Und wer weiß, vielleicht wird dieses nächste Mal ja zum ganz großen Erfolg.

Etappen-Challenge: Gut-genug-Mindset

Perfektionismus kann ganz schön unglücklich machen. Denn wer immer 100 Prozent Leistung (oder sogar mehr) anstrebt, verschwendet schlichtweg seine Energie und wird oft enttäuscht, wenn das Ziel nicht erreicht wird. Überlege dir, in welchen Situationen und bei welchen Aufgaben vielleicht schon 80 Prozent genügen (»Pareto-Prinzip«). Du wirst dich wundern, wie oft »gut genug« vollkommen okay ist. Etabliere eine »Gut-genug-Woche«, in der du versuchst, den Perfektionismus mit einem Lächeln aus deinem Leben auszusperren.

Mental-Hack: Stell dir vor, du gewinnst!

Gehirn-Scans zeigen: Unser Hirn unterscheidet nicht, ob wir uns eine Situation vorstellen oder ob wir sie tatsächlich erleben. Schon der Gedanke an eine Prüfung kann starke körperliche und emotional negative Reaktionen auslösen. Das funktioniert aber auch umgekehrt: Wir können eine Prüfung gedanklich in eine Situation umwandeln, in der wir souverän und sicher agieren, in der wir uns wohlfühlen und selbstsicher sind. Jetzt heißt es: Das Bild muss sich festigen, indem wir es mental wieder und wieder durchleben, bis es uns in Fleisch und Blut übergeht. Probiere es doch selber mal aus!

2.8 Weiter und weiter: Dranbleiben und Durchbeißen

Was du in dieser Etappe lernst:

Warum selbst unerreichbar scheinende Ziele greifbar sind und warum es ein Fehler ist, zu glauben, das alleine schaffen zu müssen.

Martin Sell ist 14 Jahre alt, als er wieder einmal merkt, dass er anders ist als die anderen Kinder. Nicht, dass dieses Gefühl neu für ihn wäre. Aber dieses Mal tut es noch mehr weh als sonst. Der Auslöser ist ein Liebesbrief, den er einer Klassenkameradin kurz zuvor zugesteckt hat. Wie man das eben so macht in dem Alter. Martin hat dafür seinen ganzen Mut zusammengenommen, seine Gefühle in ein paar knappen Sätzen auf das Papier gekritzelt und der Mitschülerin schüchtern und mit hochrotem Kopf überreicht. Die faltet den Zettel auseinander, wirft einen kurzen Blick darauf und – beginnt laut zu lachen. Damit aber nicht genug. Sie hält die Hand mit dem Zettel in die Höhe, wedelt damit über ihrem Kopf hin und her und ruft in die Klasse: »Guckt mal, der Martin kann überhaupt nicht richtig schreiben.« Kurz darauf weiß die ganze Schule von dem Brief. Und davon, dass Martin etwas nicht beherrscht, was für die anderen ganz normal ist: Lesen und Schreiben.

Heute, knapp 30 Jahre später, sitzt Martin Sell mir in einem Café in Wuppertal gegenüber. Er berichtet von der Zeit in der Schule, die für ihn die Hölle war. Denn Martin ist funktionaler Analphabet. Bis vor einigen Jahren konnte er Buchstaben zwar voneinander unterscheiden, aber ihr Sinn erschloss sich ihm nur sehr langsam und manchmal, bei längeren Texten, auch mal gar nicht. Für Menschen wie Martin ist der Alltag ein täglicher Hürdenlauf. Und ein permanenter Kraftakt. Beim Einkaufen hat er sich etwa jahrelang nur an den Bildern auf den Verpackungen orientiert und immer gehofft, dass die Hersteller bloß nichts ändern. Auch Behördengänge waren für ihn eine Tortur. Wenn er ein Formular ausfüllen sollte, gab er vor, seine Brille vergessen zu haben oder an der Hand verletzt zu sein. Zu Hause bat er dann einen Freund, das Formular für ihn auszufüllen.

Während Martin mir davon erzählt, wie es ist, in einer Welt aus Buchstaben zu leben, die man nicht deuten kann, schaue ich durch die Glasscheibe des Cafés. Ich sehe die Angebote in den Schaufenstern der Kaufhäuser, die Fahrpläne der Busse und die Namen auf den Straßenschildern. Überall Buchstaben, Worte, Text. Mir wird bewusst, wie sehr wir davon umgeben sind und wie immens die Bewältigung unseres Alltags davon abhängt, diese Zeichen zu verstehen. »Wer nicht Lesen und Schreiben kann, bleibt außen vor«, bestätigt Martin mir. »Daraus wurde später dann das Gefühl, nicht Teil dieser Gesellschaft zu sein. Nicht dazuzugehören und deshalb auch nichts wert zu sein.« Schon als Martin eingeschult wird, hätte er seine Schultüte mit all den Süßigkeiten gerne zurückgegeben, und wäre stattdessen lieber im Kindergarten geblieben. Das geht aber nicht, denn Schule ist Pflicht. Auch wenn er oft überhaupt nicht weiß, worum es gerade im Unterricht geht. Und dann diese Sprüche von den Lehrern: »Der ist ja schon wieder nicht fertig geworden«, oder das genervte Stöhnen der Mitschüler, wenn Martin beim Vorlesen dran ist und sich mühsam die Zeilen entlangstottert. Martin lernt in dieser Zeit eine Fähigkeit, die ihm helfen wird, in der Welt aus Buchstaben zu überleben: Er wird ein Meister darin, sich durchzumogeln, eine Lücke zu finden, durch die er schlüpfen und sich wegducken kann.

Nicht mehr wegrennen

So schafft er es auch, durch die Schulzeit zu kommen. An deren Ende ist Martin zwar erst mal erleichtert, doch besser wird danach nichts. Er hangelt sich von Job zu Job, ist oft arbeitslos. Und er ist einsam. Kontakte blockt er ab und zieht eine Mauer um sich hoch, auch, weil er immer wieder schikaniert wird. Wenn bei einem neuen Job wieder mal rauskommt, dass er weder Lesen noch Schreiben kann, folgen die gewohnten Fragen: »Bist du zu faul gewesen?« oder »Was hast du denn zehn Jahre in der Schule gemacht?«. Einmal hat Martin einen Job, bei dem es seine Aufgabe ist, Teile von einem Fließband zu nehmen und sie in Körbe zu verpacken. »Da habe ich mir gedacht, das kann es doch nicht sein, dass das dein Lebensalltag ist.« Aus Frust wird irgendwann Ausweglosigkeit. Nach einem gescheiterten Selbstmordversuch beschließt er dann aber, dass sich etwas ändern muss in seinem Leben. Er gibt sich selbst ein Versprechen: Er will sich nicht mehr wegducken, sondern sein Problem angehen. Der Moment ist ein Wendepunkt in seinem Leben. Er erinnert sich an eine Telefonnummer, die ihm eine Freundin vor Jahren gegeben hatte, die vom Alfa-Telefon. Eine Beratung, die Menschen wie Martin mit Informationen und Kursangeboten unterstützt. Dort ruft er nun an und einige Zeit später drückt Martin tatsächlich wieder die Schulbank. Anfangs ist er noch skeptisch und setzt sich eher widerwillig in die Alphabetisierungskurse. Mit der Zeit aber merkt er, dass er nicht alleine ist, dass es andere gibt, denen es so geht wie ihm. Was ihn aber am meisten überrascht: Einigen von ihnen ist er voraus und kann ihnen bei den Aufgaben helfen. »Da ist der Knoten dann bei mir geplatzt, und ich bin regelmäßig hingegangen.«

Dann folgt ein erneuter Tiefschlag: Das Jobcenter will nicht mehr für den Kurs zahlen. Martin tut nun etwas, das er sich nie hätte träumen lassen: Er zahlt die Kurse trotz seines geringen Einkommens aus eigener Tasche. Er, der früher mit Bauschmerzen und Übelkeit in die Schule gegangen ist, hat plötzlich Spaß am Lernen.

»Ich hatte immer wieder kleine Erfolge. Das hat mich unheimlich motiviert, am Ball zu bleiben und nicht vorschnell aufzugeben«, beschreibt er seinen Antrieb. »Eines Tages kam die Lehrerin zu mir und bat mich, einen neuen Test für Legastheniker anschauen und meine Meinung dazu zu sagen. Ich habe ihn dann einfach ausprobiert und siehe da: Ich habe 85 von 100 möglichen Punkten erreicht. Das hat mich unheimlich motiviert dranzubleiben.« Ein wichtiger Unterstützer war in dieser Zeit eine Lehrerin, die ihn in den Kursen begleitet hat. Von ihr lernt Martin eine Lektion, die für ihn alles verändert: Noch wichtiger, als Lesen und Schreiben zu können, ist die Bereitschaft, über seine Defizite zu sprechen. Sie offensiv anzugehen, statt viel Kraft darauf zu verwenden, sie zu verstecken. »Sag es den Leuten«, schärft sie ihm ein. Und das tut er dann auch. Und es verändert sich etwas. Und er, der sich Zeit seines Lebens für dumm und nutzlos gehalten hat, erfährt plötzlich Unterstützung und Interesse.

Dauerlauf statt Sprint

Als ich nach meiner Begegnung mit Martin nach Hause fahre, muss ich noch lange an ihn denken. Er hat mich als Mensch beeindruckt, und seine Geschichte spornt mich an, dass es eine zu große Herausforderung eigentlich nicht gibt. Ihm würde das wahrscheinlich total verrückt vorkommen, aber für mich ist er ein Vorbild. Ich lese so oft von »Erfolgsgeschichten«, von erfolgreichen Gründern, charismatischen Politikern oder irgendwelchen Leuten, die mal wieder mit einer App zu Millionären wurden. Menschen wie Martin bleiben dabei oft unter dem Radar. Dabei vollbringen sie wahre Höchstleistungen. Als erwachsener Mensch noch einmal Lesen und Schreiben zu lernen, zählt zu den Herausforderungen der Kategorie Superschwergewicht. Auch, weil Martin ja nicht nur den Kampf mit den Buchstaben aufgenommen hat, sondern dabei auch mit seinem Schicksal ringt und sich trotz enormen Widerstands von Ämtern, Vorgesetzten und Mitmenschen nicht von seinem Kurs hat abbringen lassen. Ich nehme für mich aus dem Gespräch vor allem mit, dass selbst die größten Hindernisse überwindbar sind. Dass es auch aus einer scheinbar hoffnungslosen Situation einen Weg hinaus gibt.

Eine Frage aber bleibt offen: Was macht den Erfolg des Martin Sell eigentlich aus? Und was davon kann ich auf mein Leben und das von anderen übertragen? Als ich mir ein paar Tage nach unserem Treffen das Interview mit ihm noch einmal anhöre, entdecke ich tatsächlich etwas: eine Geschichte hinter der Geschichte. Martin Sell ist mehr als jemand, der im Erwachsenenalter noch einmal Lesen und Schreiben gelernt hat. Er ist ein Mensch, der gelernt hat, nicht aufzugeben und dranzubleiben – obwohl er sein Leben lang die Erfahrung gemacht hat, dass Aufgeben sehr oft der einfachere Weg ist. Dass er dennoch dranbleibt, hat in meinen Augen vor allem mit zwei Dingen zu tun: Eines ist eine besondere Fähigkeit, die heutzutage oft unterschätzt wird, wenn es um das Erreichen großer Ziele geht: nämlich Durchhaltevermögen. Martins Weg zeigt Kontinuität. Für ihn muss sehr viel dagegengesprochen haben, sich dem Thema zu stellen. Seine Erfahrung hat ihn doch gelehrt, dass dann im besten Fall Unverständnis, meistens sogar Spott folgen. Dennoch: Er gibt nicht auf und kommt wieder und wieder zu den Kursen. Und ja, er hat auch Phasen, in denen er nicht an sich glaubt, in denen er sich wieder dumm und nutzlos fühlt und vom Zweifel gelähmt ist. Dann lässt er auch mal ein Jahr ausfallen und bleibt zu Hause. Das ist aber total unwichtig! Was zählt ist: Er kommt immer wieder zurück. Ein Ziel zu erreichen, bedeutet eben manchmal, eher einen Dauerlauf zu absolvieren als einen Sprint. Martins Geschichte erinnert mich an ein Zitat von Microsoft-Gründer Bill Gates: »Die meisten Menschen überschätzen, was sie in einem Jahr tun können und unterschätzen, was sie in zehn Jahren tun können.« Eine Aussage, die ich zu einhundert Prozent unterschreiben kann.

In unseren Workshops für berufliche Veränderungen bitten wir die Teilnehmer zum Abschluss jedes Mal eine einfache Übung zu machen: Sie sollen kurz aufschreiben, welche Ziele sie in einer Woche, einem Monat und einem Jahr erreichen wollen. Fast jeder in der Runde überschätzt dabei total seine Möglichkeiten. Einige wollen zum Beispiel in einer Woche einen fertigen Businessplan schreiben, andere sehen sich in einem Jahr schon erfolgreich angekommen im neuen Leben. Das ist dann der Moment, in dem man positiven Ehrgeiz von falschen Erwartungen unterscheiden und die Menschen vor ihrer eigenen Ambition schützen muss. Wer so plant, läuft mit ziemlicher Sicherheit vor die Wand und wendet sich über kurz oder lang frustriert und enttäuscht von seinen Zielen ab. Man fühlt sich als Versager, weil man die hochgesteckten Ziel nicht erreicht hat. Ich sehe viele Menschen, die, nachdem sie an unseren Workshops teilgenommen haben, krasse Veränderungen durchlaufen und ihr Wunschleben erreichen. Aber bei fast allen ist dieser Weg ein Prozess, der um die drei Jahre braucht. Und auch wenn manche Geschichten in Magazinen und Blogs so toll klingen, ein Leben ändert man nicht über Nacht. Realistische Ziele sind deshalb so wichtig, um nicht die Lust auf dem Weg zum Ziel zu verlieren. Ich bin ein Fan von Zielen, vorausgesetzt, sie sind umsetzbar, realistisch und schön handlich. Als Faustregel würde ich sagen: Nimm dein Ziel und verschlanke es um 30 Prozent, dann bist du auf einem guten Weg. Klar, manchmal bleibt man dadurch vielleicht hinter seinen Möglichkeiten. Aber damit kann ich sehr gut leben, wenn ich so mein Ziel erreiche, während die »Superperformer« mit ihren ambitionierten Zielen überhitzt und desillusioniert im Straßengraben liegen. Außerdem ist es viel schöner, wenn man merkt, dass man locker noch eine Schippe drauflegen kann, als immer nur hechelnd hinter etwas herzujagen, das man niemals erreichen kann.

Von der Kraft, um Hilfe zu bitten

Diese Kontinuität, die Martin durch kleine Erfolge auf seinem Weg spickt, führt ihn langsam aber beständig weiter an sein Ziel. Aber dabei hilft ihm noch eine weitere Fähigkeit. Er nutzt eine Ressource, die immer da ist, die wir uns aber meistens selber versagen: die Hilfe und Unterstützung anderer. Von dem Moment an, da Martin sie erbittet, mischt er die Karten neu. Indem er sich seinem Defizit stellt, es offen anspricht, schafft er neue Rahmenbedingungen und macht aus seiner vermeintlichen Schwäche eine Stärke. Er versteckt sich nicht mehr, sondern fordert aktiv Hilfe ein, wo er sie für notwendig hält. Das können wir auch. Das müssen wir sogar! Doch der falsche Glaube, alles selber schaffen zu müssen, hält uns davon ab. Einer der Hauptgründe dafür, dass so viele gute Vorhaben scheitern, ist eben die Vorstellung, alles aus eigener Kraft schaffen zu müssen. Egal, ob im Privatleben oder im Job: Wir meinen, sobald wir andere um Hilfe bitten, hätten wir versagt. Die Wahrheit ist aber die: Die Welt ist viel zu komplex, das Leben viel zu unberechenbar, um diesem Anspruch gerecht werden zu können. Wir alle brauchen irgendwann Hilfe von anderen. Lassen wir es doch einfach zu. Ob wir uns selber in die jeweilige Situation gebracht haben oder nicht, spielt dabei übrigens überhaupt keine Rolle. Wir können um Hilfe bitten, das alleine sollte schon Grund sein, es auch zu tun. Oft unterschätzen wir aber auch die Hilfsbereitschaft der anderen. In einer Studie der Cornell-Universität New York hat man herausgefunden, dass die meisten Menschen helfen wollen.[40] Man muss sie nur fragen.

Dennoch ist der Glaube daran, es immer komplett aus eigener Kraft schaffen zu müssen, kulturell tief in uns verankert. Dahinter steht auch die Vorstellung, es zeuge von Stärke, sich selber aus allen denkbaren Situationen herausbringen zu können. Wir eifern dabei oft berühmten Vorbildern nach und hängen die Messlatten ins Unerreichbare. Dass aber selbst die Erfolge der genialsten Köpfe auf der Hilfe anderer basieren, macht eines der weniger bekannten Interviews von Apple-Gründer Steve Jobs aus dem Jahr 1994 deutlich.[41] Er erzählt darin von einer Begebenheit, die er im Alter von zwölf Jahren erlebt hat. Dem jungen Steve fehlen damals für ein Schulprojekt noch ein paar wichtige elektronische Teile, an die er aber nirgends herankommt. Er weiß nicht weiter, also greift er zum Hörer und ruft einfach den damals schon ziemlich bekannten Unternehmer Bill Hewlett an, einen der Gründer von Hewlett Packard. Dessen Nummer findet er im Telefonbuch. Viele Jahre später berichtet Jobs in dem besagten Interview, dass Hewlett zwar über die Bitte lachen musste, ihm die Teile aber schließlich besorgt habe – und dazu einen Sommer-Job bei HP. Jobs hat das nie vergessen und Zeit seines Lebens die Meinung vertreten, dass die Fähigkeit, andere um Hilfe zu bitten, die Macher von den Träumern unterscheidet.

Martin Sell kann heute sehr gut damit umgehen, wenn er an einem Fahrplan oder im Supermarkt mal wieder nicht alleine weiterkommt. Und das muss er auch, denn anders als früher, ist er heute viel unterwegs. Er spricht oft auf Veranstaltungen, um über das Thema Analphabetismus aufzuklären und von seinem ganz persönlichen Weg zu erzählen. Und noch etwas hat sich grundlegend verändert im Vergleich zu damals: Heute lachen die Leute nicht mehr, wenn er seine Geschichte erzählt, heute hören sie ihm zu.

Etappen-Challenge: Lerne, um Hilfe zu bitten

In ihrem Buch *Reinforcements: How to Get People to Help You* definiert die Psychologin Heidi Grant vier entscheidende Schritte, um Hilfe zu erbieten:

Schritt 1: Stell klar, dass dein Gegenüber realisiert, dass du Hilfe brauchst. Oft sei das für andere völlig unklar, so Grant.

Schritt 2: Bitte aktiv um Hilfe. Viele Menschen zögern, Hilfe ungefragt anzubieten, weil sie ihrer eigenen Intuition nicht trauen und Angst haben, einen Fehler zu machen, indem sie fragen.

Schritt 3: Sei spezifisch in deiner Frage: Mach klar, warum du Hilfe brauchst und warum du gerade diese Person darum bittest. Das gibt ihnen auch das Gefühl, an deinem späteren Erfolg beteiligt zu sein.

Schritt 4: Stell sicher, dass die Person, deren Hilfe du erbittest, auch Zeit und Ressourcen dafür hat, und du sie mit deiner Bitte nicht in eine Situation bringst, in der sie nachher Hilfe braucht.

Mental-Hack: Realitätscheck machen

Martin Sell: »Festzustellen, dass ich in einer Prüfung viel besser abgeschnitten habe, als ich dachte, hat mir gezeigt: Ich bin auf dem richtigen Weg. Den gehe ich weiter bis zum Ende!« Mach dir klar: Viel zu oft scheitern wir nicht an der Realität, sondern an unseren eigenen negativen Prophezeiungen. »Ich bin nicht gut genug, um diesen Kunden zu überzeugen« oder »Ich bin viel zu langsam, um in dem Team mitzuhalten« oder »Mit meinem Übergewicht habe ich bei ihm/ihr eh keine Chance.« In der Regel stehen hinter solchen Gedanken erlernte Denkmuster, die aber nichts mit der Realität zu tun haben. Das Problem ist nur: Wir tun so, als wäre das der Fall. Und damit verleihen wir ihnen sehr viel Macht. Durchbrechen kannst du das nur, indem du den Realitätscheck machst und deine »Wahrheiten« überprüfst. Frag dich etwa: Was macht mich so sicher? Welche handfesten »Belege« stützen meine Ansicht, und was ist eher Spekulation? Darüber hinaus: Befrag dein Umfeld, ob es deine Ansichten teilt.

3 Der Kopf entscheidet: Mindset und Haltung

Hinter mir liegen acht spannende Etappen. Und vor mir auf dem Schreibtisch liegen stapelweise Notizen und Hunderte kleiner gelber Karteikarten, auf denen ich das Erlebte und Gehörte dokumentiert habe. Vor allem aber klingen im Ohr noch die vielen Gespräche nach. Ich habe in diesen Begegnungen so viel gelernt; angefangen bei den kleinen Hacks, also Mini-Interventionen, die ich jederzeit im Alltag einsetzen kann, bis hin zu konkreten Methoden für die Entscheidungsfindung, den Umgang mit negativen Gedanken und Glaubenssätzen und vieles mehr. Erfolg, das ist für mich jetzt nicht mehr diese Black Box, die es vorher war. Wenn man von außen einen erfolgreichen Menschen oder ein erfolgreiches Projekt gesehen hat, aber nie genau wusste, worin sich der Erfolg begründen lässt. Heute weiß ich: Erfolg ist in der Regel handgemacht. Aber eben nicht nur. Der Kopf spielt eine ebenso wichtige Rolle. Das wird mir klar, als ich die Interview-Aufzeichnungen zu Hause noch einmal abhöre. Ich entdecke in all den Gesprächen etwas, das zunächst nicht direkt sichtbar gewesen ist, nicht offensichtlich war. Weil es sich eben im Kopf abgespielt hat, bevor es sich in konkreten Handlungen und Entscheidungen im Alltag offenbarte. Es ist der Mindset und die Haltung, mit denen die Leute ihr Umfeld betrachten, Entscheidungen fällen, die Ereignisse interpretieren, die um sie herum geschehen.

Ich habe fünf Positionen gefunden, die alle meine Gesprächspartner in meinen Augen verbinden. So sind sie alle Meister darin, das Gute zu sehen und die Hoffnung selbst in schwierigsten Zeiten zu kultivieren; sie besitzen einen tiefen Glauben an sich selbst und vertrauen darauf, dass ihre Fähigkeiten ihnen bei der Bewältigung eines Problems helfen werden; sie erschaffen sich ihre eigenen Regeln, nach denen sie leben, brechen sie aber ebenso leicht, wenn es nötig scheint; sie perfektionieren das Scheitern und praktizieren ohne Angst vor Fehlern die Kunst der Intuition. Was genau es damit auf sich hat, möchte ich dir nun im letzten Drittel meiner Reise zeigen.

3.1 Superpower Optimismus: Zuversicht statt Schwarzmalerei

Er zählt in der Schweiz zu den bekanntesten Köpfen, wenn es um das Thema Gründung und Start-up geht: Andy Keel. Andy hat in den letzten Jahren diverse Unternehmen an den Start gebracht, bekannt geworden ist er aber vor allem für zwei davon: die Website *Teilzeitkarriere* und *Dade Design*. Bei Letzterem handelt es sich um ein Label für Betondesign, das unter anderem Badewannen und Küchen aus dem grauen Baustoff anbietet. In seinem ersten Leben aber war Andy Keel Banker. 15 Jahre hat er in dem Job gearbeitet und war dabei ziemlich erfolgreich. 2009 kam dann aber die Zäsur: Er hängt den Job an den Nagel und will sich fortan der Familie widmen – und den Geschäftsideen, die er da schon im Kopf hat. Als ich ihn auf seine Biografie anspreche und vom Vorzeige-Gründer spreche, schüttelt er energisch den Kopf. »Mein Leben als Gründer ist geprägt von Tiefschlägen«, so Keel. »Man läuft von Niederlage zu Niederlage. Aber aufgeben – das kam für mich letztlich nie infrage.« Und bei den Themen, die Andy anpackt, kann ich das gut nachvollziehen: Das Jobportal *Teilzeitkarriere* will Arbeit familienfreundlicher machen, und Betonmöbel sind wahrlich ein ungewohnter Gedanke. Für beide Ideen – so stelle ich es mir vor – muss man dicke Bretter bohren. Und im Verlauf des Gesprächs wird dann auch immer deutlicher, dass Andy

Keel zwar sicher auch einen guten Sinn für die richtigen Ideen hat, ebenso wie ein Händchen fürs Geschäft. Aber eine Eigenschaft zeichnet ihn besonders aus: Optimismus. Eine Eigenschaft, die ich auch bei anderen erfolgreichen Gründern vorgefunden habe. Es ist der Glaube daran, dass eine Idee – sei sie auch noch so verrückt – klappen könnte. Ein Glaube, der in dem Ausspruch »Es wird schon gut werden« seinen Ausdruck findet. Betrachtet man hingegen die nackten Zahlen, dann spricht eigentlich einiges dagegen, eine eigene Firma zu gründen, denn Experten gehen davon aus, dass 80 bis 90 Prozent aller Gründungen in den ersten drei Jahren scheitern.[42] Einige Gründer hält das aber scheinbar nicht ab. Es könnte ja immerhin sein, dass man unter den 10 oder 20 Prozent ist, die es schaffen. Und selbst wenn es nicht klappt – auch hier zeigen die Unternehmer eine erstaunliche Einstellung: Auf die Frage, was sie tun würden, wenn sie mit ihrer Idee scheitern würden, sagten zwei von drei: In dem Fall würden sie es einfach ein weiteres Mal versuchen.[43]

Dieser Glaube an das vermeintlich Mögliche, an eine Idee, die nicht mehr ist als eine Hypothese, ist schon erstaunlich. Den einen fasziniert diese Sichtweise, dem anderen macht das Angst. Dabei ist Optimismus etwas, das nicht nur Gründer auszeichnet. Menschen, die trotz hoher Scheidungsraten heiraten, sind ähnlich gelagert: Sie wissen, dass es in die Hose gehen kann, aber sie tun es trotzdem. Und mal ehrlich: Sollte man nur wegen einer Statistik auf dem Papier gleich gar nicht erst heiraten? Ich glaube nicht. Wir sehen eben zum Glück nicht bei allen Entscheidungen primär die Gefahr zu scheitern, sondern die Möglichkeit, etwas Besseres zu erhalten, als es uns der Status quo je bieten könnte. Menschen, die heiraten, sind Optimisten. Menschen, die Kinder kriegen, sind Optimisten. Sie alle stellen das Risiko hinter die Chance auf etwas Neues, Größeres. Als Optimisten sind sie wie die Entdecker neuer Kontinente oder die Pioniere der Luftfahrt: Sie wissen nicht genau, ob es klappt und was sie erwartet. Aber die Chance, dass es klappen könnte, lässt sie einfach nicht los.

Der entscheidende Unterschied

Optimismus ist aber weit mehr als eine Eigenschaft, um sich einer möglicherweise verrückt klingenden Idee zu verschreiben. Der Psychologe Martin Seligmann schreibt dazu:

»Optimismus und Hoffnung schützen uns gegen Depressionen, wenn uns Schicksalsschläge treffen, sie verhelfen uns zu einer besseren Arbeitsleistung – speziell bei herausfordernden Jobs – und schenken uns eine bessere Gesundheit.«[44]

Entscheidend dabei ist: Optimismus kann man lernen. Denn auch wenn ein Teil unserer Fähigkeit, optimistisch zu sein, in unseren Genen liegt – Wissenschaftler sprechen von 20 bis 30 Prozent –, so können wir dennoch selber viel beeinflussen. Entscheidend ist dabei nicht, was geschieht, sondern wie wir dieses Ereignis bewerten. Schauen wir uns an, wie ein Pessimist und ein Optimist mit negativen Erlebnissen im Leben umgehen. Nach der Absage im Anschluss an ein Vorstellungsgespräch zum Beispiel sieht der Pessimist sich bestätigt: »Das wird niemals was mit dem neuen Job. Ich bin einfach nicht gut genug.« Der Optimist hingegen versteht es als vorübergehendes Pech: »Dieses Mal hat es nicht geklappt, das nächste Mal bereite ich mich noch besser vor.« Ein Optimist würde wegen einer solchen Ausnahme daher auch niemals das grundlegende Vorhaben infrage stellen, er macht einfach weiter.

Und wie reagieren ein Pessimist und ein Optimist auf positive Ereignisse im Leben? Erhält er die Zusage für den Job, denkt der Pessimist, dass es sich um eine Ausnahme handeln muss: »Die hatten nur einen guten Tag. Morgen erkennen sie ihren Fehler und sagen wieder ab.« Der Optimist hingegen sieht sich bestätigt: »Ich bin einfach überzeugend und kompetent.« Optimisten glauben also, dass ein Erfolg nicht nur einmalig ist, sondern dauerhaft. Sie strengen sich demnach auch weitaus mehr an, diesen Erfolg zu wiederholen. Pessimisten hingegen erwarten, dass es eh schiefgehen wird und lassen es dann gleich sein – und verpassen eine Menge toller Möglichkeiten.

Die Mischung macht´s!

Vielleicht hast du es dir schon gedacht: Optimismus kann aber auch über das Ziel hinausschießen. Wenn man sich etwa überschätzt oder eine Situation selbst dann noch positiv bewertet, wenn sie schon aussichtslos ist. Das kann zu Überlastung führen und zu Misserfolgen, die vermeidbar gewesen wären. Gleiches gilt für das Gegenteil: den Schwarzmaler. Ein Vorhaben nur an den möglichen negativen Folgen zu bewerten, führt schlicht und einfach dazu, dass wir uns niemals verändern, niemals Neues ausprobieren, uns stattdessen am Status quo festklammern, um möglichst risikofrei durchs Leben zu gehen. Es ist daher immer gut, von Zeit zu Zeit, zu einer realistischen Betrachtung zurückfinden. Weil das aber oft schwierig ist, hilft hier der Blick von außen, um eine neutrale Einschätzung der Situation zu erhalten. Wichtig ist nur, dass dieses Feedback von jemandem kommt, der uns gegenüber neutral ist und nicht eine eigene Agenda mit uns verfolgt (Eltern, Partner, Chef).

Mit Risiken richtig umzugehen, bedeutet aber bei weitem nicht, sie grundsätzlich zu vermeiden. Denn häufig liegen genau dort die größten Chancen. Das lerne ich etwa aus der Geschichte, die mir Max Finzel, zweifacher Goldmedaillen-Gewinner und Junioren-Europameister im Turnen, erzählt. Als er neben dem Sport ein Pädagogikstudium beginnt, merkt er bald, dass es ihm einfach zu lange dauert. Max beschließt, das Tempo zu erhöhen. Er meldet sich kurz darauf für deutlich mehr Prüfungen an, als er sich eigentlich zutraut, und geht damit bewusst das Risiko ein, zu scheitern. Im schlimmsten Fall würde ihn ein Fehlversuch ein Jahr zurückwerfen. So weit kommt es aber nicht: Er besteht alle Klausuren. Der daraus gewonnene Motivationsschub wird für ihn zum Schlüsselmoment. Das kalkulierte Risiko begleitet ihn von nun an auch in den kommenden Prüfungsrunden. Mit Erfolg: Max schließt das Studium dreimal so schnell ab, wie es die Regelstudienzeit vorsieht. Manchmal brauchen wir eben diese Situationen, wenn wir vom Erfolg kosten, ihn spüren und genießen, um uns dann mit diesem Antrieb auf den weiteren Weg zu pushen. In der Start-up-Welt werden Risiken übrigens auch nicht einfach aus der Gleichung rausgenommen, sie sind ein Teil davon. So rechnen klassische Venture-Capital-Investoren in etwa mit einer Erfolgsquote von 1:10. Man kalkuliert damit, dass neun Ideen scheitern, aber die zehnte Idee, die es schafft, kann durch die Decke gehen und vielleicht das nächste Google, Apple oder Facebook werden. Ich höre jetzt schon die Stimmen, die sagen: »Aber neun andere gehen dafür pleite.« Daher noch kurz ein Wort zum Pessimismus, denn auch er ist in Teilen besser als sein Ruf. So kann zum Beispiel der sogenannte defensive Pessimismus zu positiven Erfolgen beitragen. Jemand, der sich etwa vor einer Prüfung die Frage stellt, was alles schiefgehen könnte, ist unter Umständen besser vorbereitet, als ein Optimist, der alles auf sich zukommen lässt. Entscheidend dabei ist aber Folgendes: Ich glaube, dass man Pessimismus als Strategie zur Bewältigung bestimmter Herausforderungen einsetzen kann, solange er nicht zu einer permanenten Brille wird, durch die wir die Welt betrachten. Die Psychologin Astrid Schütz beschäftigt sich seit Jahren mit dem Themenbereich Optimismus und Pessimismus, und in dem Zusammenhang kommt sie zu folgendem Schluss:

»Pessimisten leiden unter hausgemachten, vermeidbaren Problemen: Sie setzen sich zu niedrige Ziele, schöpfen ihre Möglichkeiten nicht aus, versuchen Dinge gar nicht erst und verpassen dadurch mögliche Erfolge.«[45]

Schau nicht zurück

In den Recherchen für dieses Buch habe ich ausgerechnet bei denjenigen, die mit besonders schweren Schicksalsschlägen umgehen mussten, die größte Quelle an Optimismus und Hoffnung vorgefunden. Einer, der mich dabei am meisten beeindruckt hat, war der Skispringer Lukas Müller. Seit seinem Sturz am Kulm sitzt Müller querschnittsgelähmt im Rollstuhl. Als ich ihn in unserem Gespräch vorsichtig danach frage, was ihm in den ersten Tagen nach dem Unfall am meisten beschäftigt hat, antwortet er mir ohne zu zögern:

»Ich habe überlegt, was ich als Nächstes tun kann. Ich wollte nicht zurückblicken und mich fragen, warum ausgerechnet mir das passiert ist. Außerdem kann ich mir keinen Vorwurf machen. Ich habe bei dem Sprung alles richtig gemacht und vielleicht sogar noch Schlimmeres verhindert. Der Sturz ist zu einhundert Prozent durch Pech verursacht worden.«

Lukas Müller macht etwas, das erstaunlich ist: Er schafft es, das negative Erlebnis des Sturzes und dessen Resultat nicht als allumfassende Katastrophe zu betrachten, die sein komplettes Leben in allen Bereichen betrifft. Er richtet seine Aufmerksamkeit auf neue Ziele und verwendet seine Energie darauf, diese zu verwirklichen. Das ist für mich Optimismus. Es ist die Zuversicht, dass hinter jedem Tag, jeder Stunde und jeder Minute eine neue Tür aufgehen kann, die alles ändert. Die Triathletin Daniela Bleymehl sagt mir in dem Zusammenhang: »Jeder Kilometer kann alles verändern.« Dieser Satz ist für sie zum Mantra geworden, dass sie sich selber bewusst macht, wenn es auf der Strecke mal wieder richtig unangenehm wird. Was ich aus den Gesprächen mit Müller und Bleymehl mitnehme, ist aber auch, dass Optimismus nicht bedeutet, das Negative zu ignorieren. Es ist der Glaube daran, dass es eben nicht so bleiben muss und dass wir es immer in der Hand haben, daran etwas zu ändern. Diese Haltung wird zu einer Energiequelle, die einen selbst dann noch nach vorne schiebt, wenn es aussichtslos zu sein scheint.

3.2 Den Zweifel verabschieden: Zwischen Arroganz und Selbstvertrauen

Es gibt wohl wenige Auswahlverfahren auf der Welt, die härter sind als das der GSG 9. Nur die allerwenigsten Bewerber erfüllen die Voraussetzungen, die der Job einem abverlangt. Wer die erste Hürde des Auswahlverfahrens schafft, auf den wartet dann eine mindestens ebenso anspruchsvolle Ausbildung. Viele halten der Belastung nicht stand und brechen vorzeitig ab. Ich will von Dieter Fox wissen, woran genau diese Leute scheitern. Er war über viele Jahre Teil der Einheit und hat die Anwärter während dieser Zeit in der Ausbildung begleitet:

»Die meisten scheitern nicht an der permanenten Belastung oder den hohen Anforderungen. Sie scheitern daran, dass sie den Glauben an sich selber, an ihre Fähigkeiten und Potenziale verlieren. Das Ende der Ausbildung erreichen vor allem diejenigen, die diesen Glauben auch in schwierigen und herausfordernden Phasen aufrechterhalten können.«

Was er damit meint, ist mir sofort klar: Fox strahlt genau dieses Selbstbewusstsein sehr deutlich in seiner Körpersprache aus. Nicht diese Form von nach außen getragener Überheblichkeit. Vielmehr eine Gelassenheit, die sich aus einem tief liegenden Gefühl von Sicherheit speisen muss. Als ich ihn darauf anspreche und frage, ob das ein typisches Persönlichkeitsmerkmal von Spezialeinheiten sei, überlegt er zunächst und antwortet dann:

»Die guten Leute zeichnet aus, dass sie von sich sagen können: ›Ich glaube an mich und meine Fähigkeiten‹. Aber um diesen Job machen zu können, bewegt man sich immer zwischen einem gesunden Selbstbewusstsein und einer gewissen Arroganz. Das ist ein schmaler Grat, und man muss sehr bewusst damit umgehen. Mal muss man beides strikt voneinander abgrenzen, mal miteinander verbinden. Immer so, wie es die Situation im Einsatz erfordert.«

Mir leuchtet schnell ein: Ohne diesen unerschütterlichen Glauben an sich selbst und die eigenen Fähigkeiten besteht man in den Extremsituationen, in die die GSG 9 reingeht, nicht. Mit Zweifel, der zum Zögern wird, gefährdet man sich selbst und das Team. In solchen Momenten ist man auf sich selbst zurückgeworfen, auf seine Fähigkeiten und das, was man gelernt hat. Da kann man nicht hadern oder sich auf die Hilfe anderer verlassen. Man muss einfach davon überzeugt sein, zu bestehen. Eine Eigenschaft, die ich auch bei allen anderen Interviewpartnern wahrgenommen habe. Es ist dieses Grundvertrauen in die eigenen Fähigkeiten und das Wissen, damit die bevorstehende Herausforderung zu meistern. Die Frage, die ich mir nur stelle, ist die: Wie machen die das?

Wie gut kennst du dich?

Was ich zuerst ausmache, ist bei allen ein außergewöhnlich hohes Maß an Selbsterfahrung (*self-awareness*). Damit ist das Wissen gemeint, das man über sich selbst und seine Fähigkeiten hat. Man muss eben einen guten Draht zu sich selbst haben, um sich einschätzen zu können. Sich konstant beobachten und reflektieren. Man muss sich aber auch in Situationen erlebt haben, die eben nicht nur innerhalb der Komfortzone stattfinden. Wie man in Grenzsituationen reagiert, erfährt man nicht in der Theorie. Das muss man schon mal hautnah erleben. Wer bin ich, und was kann ich? Aus den Antworten resultieren das Vertrauen und die Sicherheit, eine konkrete Situation bewältigen zu können.

Ich erlebe viele Menschen, die diesen Kontakt mit sich selbst verloren haben. Es klingt so banal, aber wer sich selber nicht kennt, weder die eigenen Bedürfnisse noch die Fähigkeiten, der irrt umher und lässt sich von Kleinigkeiten eine riesengroßen Schrecken einjagen. Statt die eigenen Stärken kennen und verstehen zu lernen, arbeiten sich viele lieber an ihren Defiziten ab und werden blind für das, was sie richtig gut können. Eine Klientin aus dem Coaching etwa spielte seit Jahren intensiv mit dem Gedanken, mit einem eigenen Konzept für eine Kindertagesbetreuung einen beruflichen Neustart zu wagen. Sie arbeitete im Controlling und dachte schon lange über die Idee nach, machte aber nie einen echten Schritt in Richtung Umsetzung. Auf meine Nachfrage, was sie daran hindere, kam die Antwort: »Ich müsste dafür erst ein Pädagogikstudium absolvieren.« In ihrem Selbstbild verfügte sie nicht über die Voraussetzungen dafür, so ein Projekt umsetzen zu können. Sie sah sich selber als defizitär. In ihr wirkten zwei starke Glaubenssätze: »Ich habe nicht die richtige Ausbildung« und »Ich muss das alleine schaffen«. Sie fokussierte sich so stark auf ihre fehlenden pädagogischen Fähigkeiten, dass sie blind dafür war, als Betriebswirtin bereits einen ganz wesentlichen Teil der Anforderungen zu besitzen, um erfolgreich zu sein. Als wir diesen Bereich in den Vordergrund stellten und deutlich machten, dass genau solche Fähigkeiten (Buchhaltung, Management, Finance et cetera) eine mindestens ebenso wichtige Voraussetzung für das Konzept seien, wurde ihr klar, wie viel sie schon mitbrachte, um ihre Ideen zu verwirklichen. Die Lösung war schließlich eine Kooperation mit einer erfahrenen Pädagogin, die selber jedoch nicht gut in betriebswirtschaftlichen Dingen war. Dieter Fox sagt mir dazu Folgendes:

»Jeder Mensch hat Schwächen und macht Fehler. Wichtig ist nur, ehrlich damit umzugehen – anderen und sich selbst gegenüber. Nur dann kann man eine Schwäche in eine Stärke ausbauen oder zumindest ein gutes Niveau erreichen. Man muss ja nicht überall im Top-Bereich sein. In der Team-Leistung werden viele individuelle Defizite ausgeglichen.«

Jäger und Sammler kleiner Erfolge

Unser Selbstbewusstsein speist sich zu großen Teilen daraus, was andere uns über unsere Handlungen und deren Resultat widerspiegeln. Erlebe ich häufig Zuspruch und Bestätigung, kann ich davon ausgehen, dass ich meinen Job nicht gerade schlecht mache. Dieses positive Feedback von außen ist wichtig. Aber du darfst dich nicht darauf verlassen. Sammle selber Erfolgsereignisse. Wichtig dabei ist, vergiss neben den großen Erfolgen (Abitur, Beförderung, Hochzeit und so weiter) nicht die unzähligen kleinen Erfolge am Tag: Wenn du trotz Dauerregen zum Laufen rausgehst; wenn du an deinem Roman weitergeschrieben hast und wenn es nur ein paar Sätze waren; wenn du den Salat statt den Burger bestellt hast. Du kannst auch festhalten, welche Rückschläge du in deinem Leben schon gemeistert hast und welche Fähigkeiten du dafür angewendet hast. Wichtig ist nur, all das festzuhalten und zu bewahren. Denn während wir uns an negative Ereignisse oft noch viele Jahre später genau erinnern, werden die positiven schnell vergessen. Die einen notieren sich all das in einem Buch, andere sammeln es auf Zetteln, die sie in einer Box oder einem alten Marmeladenglas verstauen. Egal, wie du es machst: Werde dir deiner Expertise bewusst und darüber, wie viel du schon erreicht hast – jeden Tag – und dass du über die Ressourcen verfügst, auch vor dir liegende Herausforderungen zu bewältigen.

Regeln brechen – verabschieden, was nicht gut tut

Waltraud Cichons anfängliche Euphorie schlug mehr und mehr in ausgeprägte Zweifel um. Nichts klappt damals so, wie sie es sich wünscht. »Mein Traum begann heftig zu kriseln. Ich habe mich gefragt, ob das ganze Vorhaben überhaupt einen Sinn macht oder ob ich einer vollkommen unrealistischen Idee nacheifere.« Sie spricht ihre Zweifel bei einer der nächsten Stunden an. Vielleicht, um von ihrer Lehrerin, die Bestätigung einzuholen, dass sie wirklich so ungeeignet ist, wie sie glaubt. Die aber winkt ab. Es gebe auf diesem

Weg, das Klavierspiel zu erlernen, keine Vorgaben, in welcher Zeit man etwas zu erreichen hat, schärft sie ihrer Schülerin ein. Für Waltraud Cichon wird dieser Moment zum Befreiungsschlag und zur Erkenntnis: Wenn sie wirklich weiterkommen will am Klavier, dann muss sie so manchen Glaubenssatz aus dem Elternhaus oder dem späteren Leben auf den Prüfstand stellen und vielleicht hinter sich lassen. Sie muss sich eigene, neue Regeln erlauben. »Ich bin zum Unterricht gekommen, um ein Instrument zu lernen, und habe dabei noch viel mehr über mich selbst erfahren«, fasst sie es zusammen. Von diesem Moment an beginnt sie, die Unterrichtsstunden nicht mehr als Pflichttermin zu sehen, bei dem sie den vermeintlichen Erwartungen der Lehrerin genügen muss. Sie macht sich klar: Sie macht das völlig freiwillig und hat absolut nicht die Aufgabe, das in kürzester Zeit perfekt zu beherrschen. Vielmehr ist es ein Geschenk, wird ihr wieder bewusst, dass sie die Möglichkeit hat, das zu tun, was sie gerne tut. Und warum sollte sie sich das selber kaputt machen?

Im Coaching begegne ich oft Menschen, die in eine ähnliche Zwickmühle geraten sind. Sie empfinden eine Situation oder eine Tätigkeit als belastend und stressig, die eigentlich mal als etwas Positives gestartet ist. Der Sport fällt dem Leistungsdruck zum Opfer oder die Chorprobe dem Zeitdruck. Was mal als Gegengewicht zum Alltagsstress gedacht war, macht es jetzt nur noch schlimmer. Da war zum Beispiel die Klientin, die es sich zum Ziel gesetzt hat, neben ihrem Hauptjob eine Selbstständigkeit als Fotografin aufzubauen. Seit ihrer Jugend begeisterte sie sich für die Arbeit mit der Kamera, hatte eine Ausrüstung wie ein Profi und sogar schon erste Anfragen. Eigentlich standen die Zeichen also ganz gut. Als sie ins Coaching kommt, ist sie seit etwa einem Jahr dabei, dieses Projekt umzusetzen – und völlig mit den Nerven am Ende. Ich lasse sie zunächst eine Weile klagen: »Es ist so anstrengend, wenn man nach der Arbeit noch die Anfragen der Kunden abarbeiten muss.« Oder: »Es ist so schwer, wenn ich am Wochenende einerseits Zeit mit meinen Kindern verbringen will, obwohl ich zu einem Shooting muss.« Ich höre mir das eine Weile an, dann mache ich ihr einen simplen Vorschlag: Sie solle das Projekt einfach aufgeben. Finanziell ist sie nicht auf den Job angewiesen, und es sollte auch nie mehr werden als eine nebenberufliche Selbstständigkeit. Die Klientin war schockiert über meinen Vorschlag und sagte: »Ich will aber gerne weiterhin kreativ arbeiten. Ich will draußen in der Natur sein. Und ich will etwas machen, bei dem ich neue Menschen kennen lerne.« Als sie das aufzählt, hält sie plötzlich inne und muss lachen. Aus dem *Müssen* ist ein *Wollen* geworden. Ihr Nebenjob ist nämlich keine lästige Pflicht, sondern etwas, das sie sich selbst ausgesucht hat, und zwar, weil es ihr Spaß macht, weil es ihr guttut und wichtig für sie ist. Natürlich ist es eine Belastung, neben einem Beruf und einer Familie noch einen zweiten Job auszuüben. Das steht außer Frage. Es wird aber nicht leichter, wenn wir diesen Job auch noch als Last und Bürde begreifen. Ich finde es daher enorm wichtig, die Perspektive zurückzuholen, mit der wir die Sache einmal begonnen haben. Als wir es als Bereicherung, als Herausforderung, als etwas Positives gesehen haben. Sprache spielt hierbei eine wichtige Rolle. Indem man *ich muss* durch *ich will*, *ich kann* oder *ich darf* ersetzt, entsteht oft ein völlig neuer Blick auf die Dinge. Ich kann mich etwa darüber ärgern, dass ich mein Buchmanuskript bis zu der viel zu frühen Deadline abgeben muss. Oder ich sage mir, ich *darf* mein Buch, das mir ein wichtiges Anliegen ist, an meinen Verlag übergeben. Und das hat dann nur noch ganz wenig mit *Müssen* zu tun und viel mehr mit *Wollen*. Es ist meine Entscheidung.

Veränderungszwerge und Ergebnisriesen

Die Veränderung unserer Sprache ist vielleicht ein kleiner, aber dafür sehr wirksamer Schritt, die Welt mit neuen Maßstäben zu betrachten. Nach den eigenen Regeln zu spielen, bedeutet auch, das Leben nach den eigenen Bedürfnissen, den eigenen Rhythmen zu gestalten – natürlich ohne die der anderen damit zu verletzen.

Diese Form von Freiheit setzt voraus, dass wir begreifen, welche Maßstäbe für uns gelten, welche Normen unser Denken und Handeln bestimmen und welche Erwartungen daraus resultieren. Ich muss die Regeln erst kennen, um sie zu brechen. So einfach ist das mit dem Brechen aber oft nicht. Viele Glaubenssätze tragen wir seit frühester Kindheit mit uns herum und der härteste Kritiker sind nicht selten wir selbst. Da kann man nicht mit der Brechstange ran. Und die meisten schnellen Lösungen halten nicht lange vor. Ein Leben ändert man nicht über Nacht. Das heißt aber auch nicht, dass es unveränderbar ist. Kleine Schritte können hier der richtige Weg sein, um eine alte Spielregel durch eine neue zu ersetzen.

Nehmen wir zum Beispiel einfach mal an, dass du es dir niemals zutrauen würdest, einem Kollegen oder Vorgesetzten bei der Arbeit zu widersprechen, weil du gelernt hast, dass du still zu sein und deine Meinung die der anderen unterzuordnen hast. Diese Regel »Ich habe still zu sein« kannst du brechen, indem du deine Meinung ab sofort einfach immer äußerst – allerdings nicht laut, sondern in Gedanken. Visualisiere in Gedanken, wie du deinen Punkt selbstbewusst und mit fester Stimme vorbringst. Betrachte dieses gedankliche Antworten als kleinen Zwischenschritt oder Vorstufe, die dir hilft, das Gebot der Stille zu brechen und deinem Gedanken Raum zu geben. Wenn du dich sicherer fühlst, ist es Zeit für den nächsten Schritt: Du willst das Ganze mal in der Praxis ausprobieren, vielleicht bei einem Kollegen, dem du vertraust. Die alte Regel »Ich muss still sein« hast du damit gebrochen und durch eine neue ersetzt: »Meine Meinung ist genauso viel wert wie die der anderen.«

Solche Veränderungen mögen klein erscheinen, aber sie werden zum Ergebnisriesen. Martin Sell, der erst als erwachsener Mensch Lesen und Schreiben gelernt hat, berichtet mir, dass nicht etwa die Lese- und Schreibkurse die größte Veränderung in seinem Leben bewirkt haben. Es war die Tatsache, dass er eine einzige Regel gebrochen hat: Statt »Verbirg dein Defizit um jeden Preis« sagte er sich »Mach die anderen zu Unterstützern«. Bislang hatte er seine Lese- und Rechtschreibschwäche immer vertuscht und damit zu etwas

Negativem gemacht. Als er damit begann, sein Problem offen zu kommunizieren, drehte er den Spieß um. Er bat um Hilfe und Unterstützung – und er erhielt sie. Es war nur eine kleine Änderung, ein Regelbruch, aber er öffnete die Tür zu etwas völlig Neuem.

Muss das so sein?

In vielen der Interviews, die ich für dieses Buch geführt habe, sind mir Regelbrecher wie Martin Sell oder Waltraud Cichon begegnet. Sie erlauben sich, von Normen, Maßstäben, Erwartungen abzuweichen, wenn es nötig ist, um weiter zu gehen, zu denken, zu fühlen. Die größten Innovationen entstehen immer dann, wenn einer fragt: Muss das wirklich so sein? Ein Handy ohne Tasten? Ein Restaurant ohne Bedienung? Eine Badewanne aus Beton? Undenkbar. Es war immer so und hatte so zu bleiben. Bis Apple das iPhone entwickelte, McDonalds das Selbstbedienungskonzept entwarf und Andy Keel den grauen Werkstoff von der Baustelle in die Häuser und Wohnungen brachte. Drei Beispiele, die zeigen sollen, dass sich besonders oft hinter den Dingen, die uns am unverrückbarsten erscheinen, eine Tür verbirgt, die uns eine neue Welt erschließen kann. Eine Welt, die wir dadurch erst betreten, indem wir uns von den Regelwerken verabschieden, die andere für uns geschrieben haben, und damit beginnen, unser eigenes zu schreiben.

3.4 Schöner scheitern: Einstecken, Aufstehen, Weitermachen

Der erste Workshop, den wir mit unserer Firma gegeben hatten, war ein Flop. Wir hatten lange an der Idee gearbeitet und ein Konzept entwickelt, das wir für unschlagbar hielten: ein Drei-Tages-

Workshop in einer Top-Location in der Hamburger Speicherstadt und in dem erstmals im deutschsprachigen Raum die Innovationsmethode Design-Thinking auf Coaching-Prozesse übertragen wurde. Wir stellten darüber hinaus einen Graphic Recorder ein, der den Workshop visuell auf einem Whiteboard begleitete. Kurz gesagt: Für die Teilnehmer war es grandios, drei intensive Tage und wenn man aus dem Fenster schaute, sah man die vorbeifahrenden Kreuzfahrtschiffe. Als wir am vierten Tag eine Bilanz der Ausgaben und Einnahmen machten, verflog die gute Stimmung allerdings schnell. Wir sind gerade so mit einem blauen Auge davongekommen, ohne noch draufzahlen zu müssen. Es war eine finanzielle Katastrophe. Wir mussten uns eingestehen, dass wir mit diesem Konzept niemals das erste Jahr als junge Firma überstehen würden. Also setzten wir uns hin und überlegten, was wir besser machen konnten. Uns wurde nach einiger Zeit klar, dass wir den Workshop nur retten würden, wenn wir in der Lage wären, ihn loszulassen.

Der Autor William Faulkner wurde einmal gefragt, worauf es beim Schreiben eines guten Romans am meisten ankommt. Er antwortete: »Kill your Darlings.« Und genau das war nun unsere Aufgabe nach dem verpatzten Auftakt. Wir hatten uns in unsere eigene Workshop-Idee verliebt und waren dabei blind für ihre Schwächen geworden. Natürlich wollten wir nicht gleich beim ersten Gegenwind kapitulieren, andererseits mussten wir auch anerkennen, dass es an der Zeit war, einen neuen Weg einzuschlagen. Viele Gründer verpassen diesen Zeitpunkt und halten zu lange an ihren »Darlings« fest. Der Unternehmer und Serien-Gründer Andy Keel sagte mir, dass er einer neuen Geschäftsidee ungefähr ein bis zwei Jahre Zeit gibt, um zu erkennen, ob sie funktioniert. »Wenn ich in dieser Zeit nicht 100 000 Franken Umsatz damit mache, dann schmeiße ich sie aus dem Portfolio.« Natürlich wartet Keel nicht einfach nur zwei Jahre ab, er optimiert und passt ständig an, er ändert und innoviert permanent. Ebenso sind wir mit unserer gescheiterten Workshop-Idee hart ins Gericht gegangen. Wir sagten uns, dass wir bis zum Ende des Jahres ein Konzept haben wollten, das sich wirtschaftlich trägt. Also begannen wir, mit neuen Konzepten zu experimentieren – und haben dabei immer mehr Teile des ursprünglichen Programms losgelassen. Kill your Darlings! Uns wurde immer klarer, dass wir uns beim ersten Anlauf zu sehr in unser eigenes Konzept verliebt hatten, unser Blick war daher getrübt. Viele Teile des Workshops waren eigentlich gar nicht notwendig beziehungsweise konnten als »Hausaufgaben« auch sehr gut im Vorfeld erledigt werden. Nachdem wir all das losgelassen hatten, blieb nach einiger Zeit nur noch der relevante Kern übrig, der essenziell von einem Coach begleitet werden musste. Aus den drei Tagen wurde einer und interessanterweise hat das niemals auch nur ein Kunde als Mangel erlebt. Im Gegenteil: Der Effekt, nach einer Phase der Eigenarbeit noch mal professionelle Unterstützung zu erhalten, wenn man es wirklich braucht, wird als viel werthaltiger empfunden. Wir sind mit unserer eigentlichen Idee heftig auf die Nase gefallen. Am Ende hat das aber dazu geführt, dass wir einen weitaus besseren Workshop entwickelt haben, den wir übrigens heute immer noch exakt so umsetzen.

Scheitere früh, scheitere oft!

Eine Idee loszulassen, bedeutet also nicht, das grundlegende Ziel aufzugeben. Es ist eher der Weg zum Ziel, der nicht funktioniert. Nicht das Ziel an sich. In den Jahren seit unserer Gründung hat es viele weitere Ideen gegeben, mit denen wir schlichtweg gescheitert sind. Wir haben gelernt, dieses Scheitern als Lernprozess zu begreifen. Je früher sich herausstellt, dass etwas nicht klappt, umso besser. Auf diese Weise haben wir viel Zeit und viel Geld gespart. Es gibt diesen Ausspruch von Thomas A. Edison: »I failed my way to success.« Lange Zeit habe ich nicht verstanden, was er damit meint. Scheitern kann doch nicht gut sein, dachte ich. Ich habe gedacht, dass nur Erfolge einen im Leben weiterbringen. Heute weiß ich, dass ich erst durch die vielen Niederlagen in der Lage dazu bin, zu wissen, was wichtig, was gut, was richtig für mich ist. Denn nur wenn wir begreifen, was funktioniert und was nicht, können wir Dinge besser machen. Das gilt für Produkte und Dienstleistungen, ebenso wie für das eigene Leben, wie die Autorin J. K. Rowling in einer Rede an der Universität Harvard deutlich machte. Sie berichtet davon, dass sie sich sieben Jahre nach ihrem Universitätsabschluss, und noch lange vor ihrem Welterfolg als Autorin von *Harry Potter*, als »größte Versagerin« der Erde fühlte. Ihre damalige Ehe wurde nach kurzer Zeit geschieden, sie hatte keinen Job, war alleinerziehend und bettelarm. Und auch wenn diese Zeit sehr hart für sie war, betont sie, welchen Einfluss diese Niederlagen auf sie hatten:

»Scheitern bedeutet, das loszulassen, was unwichtig ist. Ich hörte damit auf, mir etwas vorzumachen. Jemand zu sein, der ich nicht war. Ich habe von dem Moment an all meine Energie darauf verwendet, die einzige Arbeit zu vollenden, die mir wichtig war. Wäre ich nicht gescheitert, hätte ich vielleicht nie die Entschlossenheit gefunden, in der einen Arena erfolgreich zu sein, in die ich wirklich gehöre. Und so wurde der Tiefpunkt zum soliden Fundament, auf dem ich mein Leben wieder aufbaute.«[46]

Es gibt leider keine Blaupause, die uns sagt, wie unser Leben am besten funktioniert. Das müssen wir erst nach und nach herausfinden. Und am meisten erfahren wir darüber in den Momenten des Scheiterns. Es geht mir nicht darum, Scheitern zu glorifizieren. Aber im Scheitern kann eine Klarheit liegen, die uns kein Erfolg geben kann. Vorausgesetzt, wir scheitern »richtig«. Das heißt, wir müssen unser Handeln reflektieren, analysieren und Schlüsse daraus ziehen, wie wir es zukünftig besser machen können. Indem wir unsere Bedürfnisse begreifen, uns zugestehen, was uns wichtig ist und was wir brauchen, um zu wachsen.

In den Interviews und den Recherchen für dieses Buch ist mir eins klar geworden: Außergewöhnlich erfolgreiche Menschen unterscheiden sich in einem Punkt von den anderen: Sie beherrschen diese Kunst, die ich »Absichtsvolles Scheitern« nenne. Diese Form des Scheiterns erkennt die Tatsache an, dass Erfolg nicht erzwungen werden kann, sondern das Resultat eines Lernprozesses ist. Erfolg folgt in den allerwenigsten Fällen einer geraden Linie vom Start zum Ziel. Es ist eher ein Vor und Zurück, ein Hinfallen und Aufstehen, ein Wackeln und Zittern, dann wieder ein Sprint. Irrtümer liegen ganz selbstverständlich auf diesem Weg. Wir können sie jedoch als kleines Lehrstück begreifen, das wir uns in Ruhe anschauen, daraus lernen und uns dann stärker als je zuvor wieder auf die Reise begeben.

Ansage aus dem Off: Intuition und Bauchgefühl

Kari Kobler stand schon mehrfach auf dem höchsten Gipfel der Welt und war als Bergführer in allen Gebirgen dieser Erde unterwegs. Das prägendste Erlebnis aber hatte er am K2, der zwar 237 Meter niedriger ist als der Everest, aber als deutlich riskanter und schwieriger zu bezwingen gilt. Während die Zahl derjenigen, die es auf die Spitze des Everest schafften, bei rund 4 000 Leuten liegt, sind es beim K2 gerade mal rund 300. Und auch die Geschichte, die Kari Kobler mit diesem Berg verbindet, ist keine dieser erfolgreichen Gipfelgeschichten. Es ist die Geschichte, in der er die Besteigung abgebrochen hat – und vielleicht nur deshalb heute noch am Leben ist. Kobler erzählt mir, was damals am Berg geschehen ist. Er war mit Freunden unterwegs am Berg, als er völlig unerwartet und plötzlich in einer Unterkunft eine Angst spürt, wie er sie noch nie zuvor wahrgenommen hat. »Es war nicht der Respekt, den man am Berg haben muss, es war richtige Angst.« Kobler schreibt noch vom Berg aus seiner Freundin, dass etwas nicht stimme. Im Basislager angekommen, spricht er seine Begleiter darauf an, kann aber nicht erklären, was los ist, nur dass er ein sehr schlechtes Gefühl habe. Die Truppe beschließt weiterzugehen. Das Gefühl aber bleibt und lässt Kari Kobler nicht mehr los. Dennoch: Er will die Gruppe nicht im Stich lassen, schließlich ist er als Bergführer auch für ihre Sicherheit verantwortlich. Was dann passiert, beschreibt er mir so: »Wie ein Blitz kam dieses Gefühl ›Ich gehe keinen Meter mehr‹. Ich wusste nicht wieso, aber ich wollte keinen Schritt mehr machen.« Er sagt das dann auch der Gruppe und macht sich auf den Rückweg. Die Gruppe will es ohne ihn versuchen. Zwei Bergsteiger brechen dann nach wenigen Minuten auch ab und zusammen machen sich die drei auf den Weg zurück ins Lager. Dort versucht Kobler, den anderen zu erklären, was los ist, kann es aber nicht. Und dann passiert es: »In dem Moment schauen wir zum Berg hoch und sehen, wie ein Bergsteiger abstürzt.« Wie sich später herausstellt, hat dieser die Warnungen eines Sherpas ignoriert und ist ungesichert in eine gefährliche Passage gegangen. »Eigentlich wäre ich da vorausgegangen und hätte die Gruppe geführt«, sagt Kobler und fährt fort: »Ich wäre vorausgegangen und vielleicht hätte mich die Leichtsinnigkeit des anderen mit in den Abgrund gerissen. Was ich aus diesem Erlebnis mitgenommen habe: Ich höre auf mein Gefühl.«

Eine andere Art von Intelligenz

Auch wenn es ein extremes Erlebnis ist, das Kari Kobler da mit uns teilt, solche Momente, in denen unser Bauch uns etwas mitteilt, kennen die meisten von uns. Wenn sich eine Art Ahnung oder Eingebung meldet, dieses zu tun oder jenes zu unterlassen. Oft ignoriert man das dann einfach. Und nicht selten wünschen wir uns im Nachhinein, dass wir auf diese »Stimme« gehört hätten. Tatsächlich aber gilt vielen dieser innere Ratgeber als nicht besonders verlässlich. Irgendwie traut man dieser Stimme nicht so ganz. Die Vernunft steht in unserer abendländischen philosophischen Tradition über den Emotionen. Fakten und Ratio gelten vielen als Königsweg zur guten Entscheidung. In der Wissenschaft hat man daran inzwischen erhebliche Zweifel. Vor allem Ergebnisse der Neurowissenschaften konnten zeigen, dass Emotionen eine weitaus wichtigere Rolle bei der Entscheidungsfindung spielen, als man lange dachte. »Alle Entscheidungen sind letztlich Gefühlsentscheidungen«, sagt etwa Gerhard Roth, Professor für Verhaltensphysiologie und Entwicklungsneurobiologie am Institut für Hirnforschung der Universität Bremen.[47] Der Verstand ist dabei lediglich eine Art Ratgeber, der Vorschläge machen darf, das limbische System entscheidet dann auf Grundlage der Lebenserfahrung, ob es diesen Vorschlägen folgt. Immer wenn wir glauben, eine Vernunftentscheidung getroffen zu haben, hat in Wahrheit das Gefühl die Zügel in der Hand gehalten.

Wem das Angst macht, dem sei gesagt, dass diese Vorgehensweise einen klaren Vorteil hat – und der heißt Geschwindigkeit. Die Welt ist einfach zu komplex, um bewusst eine gute Entscheidung zu treffen. Denn dafür müssen in kürzester Zeit Unmengen von Daten verarbeitet werden – und dazu ist das Bewusstsein nicht in der Lage. Man geht davon aus, dass es Informationen ungefähr in einem Tempo von 50 Bits (Dateneinheiten) pro Sekunde bewältigen kann. Das Unbewusste hingegen schafft es in der gleichen Zeit, mit Millionen von Bits zu operieren.[48]

Vor dem Hintergrund ist es dann schon fraglich, ob es sich überhaupt lohnt, endlos über die beste Entscheidung zu grübeln und jedes Pro und Kontra zu bedenken. Aus der Forschung wissen wir, dass der Verstand sehr gut ist, wenn es um Detailfragen geht. Aber das große Ganze zu bewerten, fällt ihm schwer. Daher grübelt man auch oft so lange über Details und verzettelt sich im Klein-Klein anstatt einfach zu sagen: Los geht's! »Die beste Entscheidung ist nicht zwangsläufig die, bei der wir das Für und Wider bis zum Ende abwägen«, sagt dazu der Psychologe Gerd Gigerenzer, Direktor emeritus am Max-Planck-Institut für Bildungsforschung in Berlin. »Stattdessen gibt es so etwas wie die Intelligenz des Unbewussten:

Wir stehen vor einer Entscheidung und wissen ohne Nachdenken sofort, welches die richtige Vorgehensweise ist.«[49] Oder besser gesagt, welche es wäre. Denn das Problem ist hierbei, dass viele diese Stimme zwar hören, sie aber einfach übergehen. Dabei ist diese Stimme, so zumindest der Stand der Wissenschaft, eine Stimme voller Klugheit und Erfahrung – denn sie speist sich aus all dem Wissen, all der Erfahrung, die wir im Laufe unseres Lebens angesammelt haben. Ein Hinhören wäre demnach geboten.

Der schnellste Weg zur Entscheidung

Diese innere Stimme zu ignorieren, wäre gerade bei wichtigen Entscheidungen also alles andere als klug. Ebenso gilt aber natürlich die Einschränkung: Nicht immer ist der Bauch der beste Ratgeber. Weil er eben auf den Erfahrungen basiert, die wir bisher im Leben gemacht haben – also Werten aus der Vergangenheit. Auf den Punkt gebracht, sollten wir auf unser Bauchgefühl vor allem in den Bereichen vertrauen, in denen es sich gut auskennt und aus vorab gemachten Fehlern lernen konnte. Wenn das der Fall ist, gilt: Hör auf den inneren Experten, sie oder er weiß, was gut für dich ist. Ein Beispiel: Jemand, der schon oft in seinem Leben einen Oldtimer gekauft hat, kann auch beim nächsten Mal eine gute Entscheidung aus dem Bauch heraus treffen. Weil nämlich sein gesamtes Know-how, die guten wie die schlechten Erfahrungen, in die Entscheidung einfließen. Steht jemand jedoch zum ersten Mal vor der Kaufentscheidung, sollte er sich besser fundiert und bewusst mit dem Thema auseinandersetzen, bevor er eine Entscheidung fällt. In den anderen Bereichen aber gilt: Ein schlechtes Gefühl vor einer wichtigen Entscheidung sollte unbedingt ernst genommen werden.

In meinen Recherchegesprächen ist mir immer mehr klar geworden, dass der Faktor Bauchgefühl und Intuition als wichtige

Entscheidungshilfe eine oft unterschätzte Rolle spielt. Für die meisten meiner Gesprächspartner war die »schnelle Leitung« aus dem Bauch in den Kopf ein Mittel, um sich nicht lange mit einer Frage aufhalten zu müssen und in den entscheidenden Momenten schnell agieren zu können. Keiner sagte mir, er hätte so eine Entscheidung schon einmal im Nachhinein bereut. Das bestätigen übrigens auch die Studien der Forscher: Am meisten bedauerten diejenigen eine Entscheidung, der ausgiebiges Grübeln vorausging. Und selbst im Top-Management, wo Unmengen an Daten bereitstehen, um eine möglichst fundierte Entscheidung zu fällen, wird dem Bauch vielfach der Vorzug gegeben. So kam eine Studie der Queen's University in Kanada unter 250 CEOs zu dem Ergebnis, dass 41 Prozent von ihnen sich bei Entscheidungen eher von ihrer Intuition leiten lassen als von den Ergebnissen der Datenanalyse.[50] Eine ähnliche Studie der *Economist Intelligence Unit* fand heraus, dass neun von zehn Managern bei einem schlechten Bauchgefühl eher gegen die Daten entscheiden oder zumindest erst weitere Daten sammeln, bevor sie sich entscheiden.[51] Erfahrene Führungskräfte scheinen also zu wissen, dass sie auf die Stimme aus dem Off hören sollten, wenn es um eine wichtige Entscheidung geht. Kari Kobler hat aus dem Erlebnis am K2 für sich übrigens ein ähnliches Fazit gezogen:

»Ich bin davon überzeugt, dass die alten Bergführer – die, die überleben, wie Reinhold (Messner) – alle schon mal so etwas wie ich erlebt haben. Die haben alle dieses Gefühl dafür, wenn etwas in der Luft liegt. Das muss man dann auch zulassen, das darf man nicht abblocken.«

4 Statt eines Schlusses: Berge versetzen für Fortgeschrittene

Wir erreichen die Zielgerade meiner Reise. Sie hat uns zu den unterschiedlichsten Menschen und an ganz unterschiedliche Orte geführt. Es waren Begegnungen mit Leuten darunter, die große und spektakuläre Ziele in die Tat umgesetzt haben. Andere wiederum haben ganz ohne »Publikum«, im Stillen und für sich alleine, extreme Herausforderungen bewältigt. Ich habe mich auf den Weg gemacht, um zu begreifen, was Erfolg wirklich ausmacht. Wollte ihn in seine einzelnen Bestandteile zerlegen und herausfinden, welche Strategien, welche Methoden und welche Denkweisen diese Menschen auszeichnet. Und ich bin fündig geworden. Und wie erwartet, habe ich keine geheimnisvolle Formel gefunden, wie man im Handumdrehen reich und erfolgreich wird. Ich habe etwas viel Besseres gefunden. Denn jede Etappe dieser Reise wurde für mich zu einem Puzzlestück, das einen neuen Aspekt, einen neuen Hinweis geliefert hat. Manche waren offensichtlich, andere lagen im Verborgenen. Zusammen aber haben sie nach und nach ein Bild ergeben. Ein Bild davon, was »Erfolg« wirklich ausmacht. Dabei ist es völlig egal, was man darunter versteht – im Kern geht es doch darum, dass wir das erreichen, was für uns von Bedeutung ist. Das wir es nicht bloß Traum oder Möglichkeit bleiben lassen – eben kein Leben im Konjunktiv des ewigen *Hätte, Sollte, Würde, Könnte.*

Eine Begegnung, ein letztes Puzzlestück, habe ich mir aber ganz bewusst bis zum Schluss aufgehoben. Es ist der Blick in eine Welt, die gerne auch als die »Schaltzentrale der Macht« bezeichnet wird: die Politik. Denn neben bekannten und berühmten Entscheidern aus der Wirtschaft sind es doch vor allem Politiker, die immer wieder für den Archetyp des Machers Modell stehen. Ich will zum Schluss meiner Reise wenigstens einen Blick darauf werfen, wie man die wirklich großen Berge versetzt; wie man so etwas wie eine Bewegung lostritt, einen Aufbruch initiiert, der auch andere mitreißt. Und ich will es von jemandem lernen, der tatsächlich etwas bewegt hat, jemand, der aus einem inneren Antrieb eine echte Vision entwickelt hat und damit auch andere Menschen begeistern konnte. Die Person, die mir dabei als Allererstes in den Sinn kommt, ist Margareta Wolf. Ich kenne Margareta, weil wir eine Zeit lang zusammengearbeitet haben. Sie wechselte damals aus der Politik in die Wirtschaft. Auf die »andere Seite« also. Margareta ist genau diejenige, mit der ich über das Thema sprechen muss. Als Abgeordnete der Grünen hat sie den Aufstieg der Partei von den frühen 1980er Jahren bis hin zur Regierungsbeteiligung in der rot-grünen Koalition miterlebt und mitgestaltet. Sie hat als parlamentarische Staatsekretärin im Ministerium für Wirtschaft und Technologie einen tiefen Einblick in die Machtzentren erhalten und an der Seite von Leuten wie Joschka Fischer und Gerhard Schröder über Jahre die Geschicke des Landes mitbestimmt. Wenn ich herausfinden will, ob es so etwas wie einen politischen Machertypen gibt und was ihn auszeichnet, dann bin ich bei Margareta genau richtig.

Nach ein paar Nachrichten, die wir uns bei Facebook hin- und herschreiben, habe ich sie dann auch irgendwann am Hörer. Und ich merke schon nach den ersten Sekunden, in denen wir sprechen: Das Feuer ist immer noch da, auch wenn sie seit Jahren nicht mehr politisch aktiv ist. Margareta redet viel über die Krise der aktuellen Politik und wie die politische Landschaft sich verändert. Ich merke es ihr an, dass sie wirklich verärgert ist. Ein Punkt, auf den sie immer wieder zu sprechen kommt, ist die fehlende Leidenschaft, mit der Politik heute gemacht würde: »Es fehlt einfach die große Idee von einem Land, in dem man gerne leben möchte. Ich sehe stattdessen Politiker, die von nichts mehr träumen und die für nichts eine echte Leidenschaft entwickeln können.«

Groß denken also. Visionär sein. Einen Aufbruch wagen. Das beinhaltet aber auch, dass man den Mut hat, den Status quo auch hinter sich zu lassen, falls das nötig ist. Und das ist ein Wagnis. In der Politik gibt es viele Beispiele, wo einer großen Vision ein großer Knall und das Ende der Karriere folgte. Ist es dieses Risiko denn wert, frage ich? Zumal der Gegenwind in der Politik ja heute sehr schnell aus allen Richtungen weht, wenn man nicht das liefert, was man mal versprochen oder verkörpert hatte. Genau das sei aber Teil des Problems, entgegnet Margareta mir und erklärt es am Beispiel des französischen Staatspräsidenten Emmanuel Macron. Der sei ein Getriebener, im positiven Sinn. Wenn er rede, dann ohne Punkt und Komma, erzählt sie, die ihn schon persönlich erlebt hat. »Was ihn antreibt, ist eben eine Idee und nicht die Macht. Die ist Mittel zum Zweck, steht aber nicht an vorderster Stelle.« Aber bringt Macron mit seinen Reformen nicht gerade das halbe Land gegen sich auf?, wende ich ein. Wie kann so jemand Dinge umsetzen und auf die Straße bringen bei so viel Widerstand? Ihre Antwort: Genau das mache aber die Politiker aus, die wirklich etwas verändern und die damit auch im Gedächtnis bleiben. »Typen wie Norbert Blüm, Heiner Geißler und auch ein Wolfgang Bosbach waren immer Querdenker, deren Anliegen und Themen nie prioritär auf der politischen Agenda lagen. Die waren so erfolgreich, weil sie eben meistens neben dem Mainstream lagen.«

4.1 Verhinderer und Querdenker

Mir gefällt das Bild des Querdenkers, der sich von der Meinung der Allgemeinheit nicht beirren lässt und sein Ziel fest im Auge behält. Und ein Blick in die Geschichte zeigt ja auch, dass viele große Persönlichkeiten erst ausgelacht und dann bewundert wurden. Mir leuchtet auch ein, dass besonders die großen fundamentalen Veränderungen auch von uns verlangen, über den Tellerrand hinaus zu denken und zu agieren. Das Machbare neu zu denken und Grenzen immer wieder neu zu verhandeln. Margaretas Worte sind mir aber auch eine Mahnung: Groß zu denken, das muss man sich oft selber erst erlauben. Denn manchmal bin ich selber mein größter Kritiker und oft auch Verhinderer. Ich kenne diese Momente gut, in denen ich mich selber zensiere, in denen ich eine Idee auch ohne die Zweifel anderer im Vorfeld schon zum Scheitern verurteile. Indem ich die vielen Gründe sehe, warum meine Ideen nicht funktionieren werden, anstatt nach Wegen zu suchen, sie Wirklichkeit werden zu lassen. Momente, in denen ich mir aber auch zu wenig zutraue. Und in denen ich vielleicht aus Bequemlichkeit einen schwierigen Weg von vorneherein ausschließe.

Denn Querdenker sein und gegen den Strom zu schwimmen, das klingt vielleicht gut, wenn man darüber redet, kann aber auch verdammt hart sein. Da muss man viel aushalten können. Kritik und Spott gehören, wie bereits gesagt, wohl also auch dazu, wenn man Berge versetzen will. Aber der Gegenwind der Kritiker kann ja auch eine Bestätigung dafür sein, dass wir auf dem richtigen Weg sind. Mir wird klar: Eine große Vision oder Idee von einer anderen Zukunft, braucht zuallererst Vertrauen. Und zwar das unsere. Wir müssen uns selbst vertrauen, bevor wir andere dafür gewinnen können. Ich denke an den »Vertrauensvorschuss«, von dem der Bergsteiger Kari Kobler immer sprach. Wenn wir uns dieses Vertrauen schon selber im Vorfeld absprechen, wie wollen wir dann andere dafür gewinnen?

4.2 Konkurrenz ist ein Auslaufmodel

Eine Sache beschäftigt mich zum Schluss unseres Gesprächs aber noch: Politiker wollen nicht nur Visionär, sondern immer auch Gestalter sein. Das bedeutet eben auch, Ideen umzusetzen und gegen andere Vorhaben, Interessen und Meinungen durchzusetzen. Ich frage Margareta, ob das der Moment ist, wo ein charismatischer Politiker mit lautem »Basta« auf den Tisch haut und seine Vorstellung gegen alle Widerstände einfach durchboxt. Die aber winkt schnell ab. »Heute kann man Macht nur noch gewinnen, wenn man außerhalb klassischer Hierarchien denkt und für Ideen begeistert. Man muss deutlich machen, wofür man steht und andere dafür begeistern«, sagt Margareta und fügt dann noch hinzu: »Konkurrenz ist ein Auslaufmodell in der Politik.«

Und übrigens nicht nur dort. Auch in den Unternehmen setzt sich immer mehr die Erkenntnis durch, dass man gemeinsam mehr erreicht. Und damit ist nicht der Zusammenschluss von Firmen gemeint, sondern die Verbindung von Menschen. Man hat begriffen, dass Innovation nur durch Kollaboration und Ko-Kreation innerhalb von Teams und Abteilungen entstehen kann. Also dann, wenn unterschiedliche Individuen mit unterschiedlichen Sichtweisen und Erfahrungen zusammenkommen und gemeinsam an der Realisierung einer Idee arbeiten. Dabei ist ein gutes Sensorium gefragt und feine Antennen. Ich muss erspüren und erkennen, was mein Gegenüber umtreibt. Ich muss seine Bedürfnisse kennen und verstehen lernen, wenn ich ihn für meine Agenda gewinnen möchte. Das erfordert auch Nähe, das erfordert zu- und hinzuhören, das erfordert Offenheit. Visionär zu sein, bedeutet also auch, den anderen wahrnehmen und einbeziehen. Oder um es mit Margaretas Worten zu sagen: »Berge versetzt man, indem man es wirklich will und dieses Ziel dann mit Herz und Empathie verfolgt.«

Als wir unser Gespräch beenden, habe ich das Gefühl, in eine fremde Welt geblickt zu haben. Eine Welt, in der die Berge noch weitaus höher sind, die es zu versetzen gilt. Das beeindruckt mich, aber es motiviert mich auch. Denn es macht mir klar, wie viel Freiheit wir doch eigentlich haben. Wir, damit meine ich Menschen, die nicht unter der ständigen Beobachtung der Medien und der Öffentlichkeit stehen. Klar, auch wir haben unsere »Stakeholder«, also Menschen und Gruppen, die Erwartungen an uns stellen: Partner, Freunde, Kinder, Kollegen und so weiter. Auch ihnen gegenüber haben wir Verantwortung und Verpflichtungen. Aber gilt das nicht zuallererst auch für uns selbst? Haben wir nicht auch eine Verantwortung uns selbst gegenüber? Die Verantwortung nämlich, unser Leben so zu leben, dass wir es an dessen Ende nicht bedauern. Das bedeutet nicht, dass wir alles erreichen müssen, was wir uns vornehmen und wünschen. Das geht nicht. Aber es bedeutet, dass wir es zumindest versucht haben. Diese Verantwortung kann uns niemand abnehmen.

Ich bin nun ans Ende meiner Reise gelangt. Als Reisender lernt man Demut kennen. Erst recht, wenn man Menschen begegnet, wie ich es tun durfte. Die klügsten Gedanken dieses Buches kommen von ihnen. Sie haben sie uns in ihrer Lebensgeschichte vorgelebt, wir müssen nur lernen, sie zu lesen. Ich möchte dieses Buch daher auch mit einem Gedanken schließen, der nicht von mir ist. Es ist ein Zitat, das dieses Buch von Anfang an begleitet hat. Ja, vielleicht ist es sogar der Grund dafür, dass ich es überhaupt geschrieben habe. Es stammt von dem dänischen Philosophen Søren Kierkegaard und lautet:

Leben lässt sich nur rückwärts verstehen, muss aber vorwärts gelebt werden.

Wenn wir es schaffen, das anzunehmen und umzusetzen, dann sind wir auf dem richtigen Kurs. Zurückblicken, um zu verstehen, aber nach vorne gehen, um zu wachsen. Es gibt zwar zwei Richtungen aber nur einen Weg.

Dank

Ein Buch zu schreiben, das fühlt sich in bestimmten Momenten so an, als müsse man ein Gebirge versetzen. Dass es mir gelungen ist, verdanke ich vor allem der Hilfe folgender Personen:

Klaudia Michalek-Kursawe, deren Kritik und Zuspruch von der ersten bis zur letzten Zeile unverzichtbar waren. Robert Kötter, der mir im Job den Rücken freigehalten und mir die Zeit zum Schreiben gegeben hat. Ute Flockenhaus, die als Erste an die Idee geglaubt hat. Stephanie Walter, die hartnäckig für deren Umsetzung gekämpft hat. Desirée Šimeg, die für Ordnung gesorgt hat, als das kreative Chaos überhandnahm. Mein Dank gilt aber vor allem denjenigen, die für dieses Buch ihre Geschichten mit mir geteilt haben, vielen Dank für dieses Vertrauen: Waltraud Chichon, Max Finzel, Dieter Fox, Benjamin Franz, Andy Keel, Kari Kobler, Lukas Müller, Inga Orlowski, Daniela Bleymehl, Martin Sell und Margareta Wolf.

Darüber hinaus danke ich Pascal Baumgartner, Wolfgang Bosbach, Daniela Heinze, Wiebke Göhner, Hugo Kehr, Gabriele Paqué, Waldemar Pelz und Ilka Piechowiak, deren Impulse und Hinweise ebenso in das Buch eingeflossen sind.

Literatur

Woody-Allen-Interview, Online-Quelle: https://bit.ly/2AeOOZV (Letzter Zugriff: 29. Januar 2019)

Teresa Amabile; Steven Kramer (2011): *The Progress Principle: Using Small Wins to Ignite Joy, Engagement, and Creativity at Work.* Harvard Business Review Press

Pierre Azoulay, Benjamin F. Jones, J. Daniel Kim, Javier Miranda (2018): *Age and High-Growth Entrepreneurship* (Working Paper)

Justus Bender, Maren Soehring: »Aus dem Bauch« In: *ZEIT Campus,* 03/2007

Brené Brown (2010): *The Gifts of Imperfection: Let Go of Who You Think You're Supposed to Be and Embrace Who You Are.* Hazelden

Heike Bruch, Sumantra Ghoshal (2004): *A Bias for Action: How Effective Managers Harness Their Willpower, Achieve Results, and Stop Wasting Time.* Harvard Business School Press.

Herbert Buchsbaum: Al Neuharth, News Executive Who Built Gan-nett and USA Today, Is Dead at 89. In: *The New York Times,* 20. April 2013

James Collins; Jerry Porras (2004): *Built to Last: Successful Habits of Visionary Companies.* HarperBusiness

Tom Cheshire: The Oxford don with tiny answers. In: *Wired Magazine,* Ausgabe 10, 2010.

Deutscher Startup Monitor 2017. Mut und Macher. Online-Quelle: https://deutscherstartupmonitor.de/fileadmin/dsm/dsm-17/daten/dsm_2017.pdf (Letzter Zugriff: 30. Januar 2019)

Charles Duhigg (2013): *The Power of Habit: Why We Do What We Do, and How to Change.* Random House Books

Angela Lee Duckworth: Grit: The power of passion and perseverance, TED Talk: https://bit.ly/1XBHWfI (Letzter Zugriff: 29. Januar 2019)

Angela Duckworth (2016): *Grit: The Power of Passion and Perseverance.* Scribner

Francis J. Flynn, Vanessa K. Bohns (2008): If You Need Help, Just Ask: Underestimating Compliance With Direct Requests for Help. In: *Journal of Personality and Social Psychology* 95(1)

Daniela Heinze (2016): *Die Bedeutung der Volition für den Studienerfolg. Zu dem Einfluss volitionaler Handlungskontrollstrategien auf den Erfolg von Bachelorstudierenden.* Dissertation, Universität Mainz [im Druck]

Bas Kast: »Ich fühle, also bin ich.« In: *ZEIT Wissen* 2/2006

Daniel Kahneman (2012): *Schnelles Denken, langsames Denken.* Siedler Verlag

Tom Kelley, David Kelley (2013): *Creative Confidence: Unleashing the Creative Potential Within Us All.* Currency

Christoph Kucklick: Schluss mit dem Scheitern! In: *ZEITmagazin* Nr. 1/2014

Greg McKeown (2014): *Essentialism: The Disciplined Pursuit of Less.* Currency

C. Mathy, C. Cedraschi, J.-P. Broonene, A. Azzia, Y. Henrotin (2015): Volition and low back pain: When patients talk. In: *Annals of Physical and Rehabilitation Medicine,* Volume 58, Issue 6

K.L. Milkman, J.A. Minson, and K.G.M. Volpp (2014): Holding The Hunger Games Hostage at the Gym: An Evaluation of Temptation Bundling. *Management Science,* Vol. 60, 283–299.

Walter Mischel (2016): Der *Marshmallow-Effekt: Wie Willensstärke unsere Persönlichkeit prägt.* Pantheon Verlag

John C. Norcross, Kristin Loberg, Jonathon Norcross (2012): *Changeology. 5 Steps to Realizing Your Goals and Resolutions.* Simon & Schuster

Waldemar Pelz (2016): Transformationale Führung – Forschungsstand und Umsetzung in der Praxis. In: Au, Corinna von (Hrsg.): *Leadership und angewandte Psychologie.* Band 1: Wirksame und nachhaltige Führungsansätze. Berlin: Springer Verlag

Jeffrey Pfeffer; Robert I. Sutton (1999): *The Knowing-Doing Gap: How Smart Companies Turn Knowledge into Action.* Harvard Business Review Press

Queens University, Smith School of Business: Intuition in the Age of Big Data. Online-Quelle: https://bit.ly/2DOUKuK (Letzter Zugriff: 30. Januar 2019)

Denise Roland: ›Gut feeling‹ still king in business decisions. Auf: www.thetelegraph.co.uk, https://bit.ly/2TYHObf (Letzter Zugriff: 29. Januar 2019)

Bernard Roth (2015): *The Achievement Habit: Stop Wishing, Start Doing, and Take Command of Your Life.* HarperBusiness

Gerhard Roth (2008): Persönlichkeit, Entscheidung und Verhalten: *Warum es so schwierig ist, sich und andere zu ändern.* Aktualisierte und erweiterte Auflage. Klett-Cotta

J. K. Rowling: Harvard Commencement Speech, Harvard University Commencement 2008. Online Quelle: https://bit.ly/2wPK3VV (Letzter Zugriff: 30. Januar 2019)

Astrid Schütz: Tipps für Pessimisten. In: *AOK Gesundheitsmanager,* Online-Quelle: https://bit.ly/2r5qcx7 (Letzter Zugriff: 10. Oktober 2018)

Barry Schwartz (2016): *The Paradox of Choice: Why More Is Less.* Revised Edition. Ecco

Martin Seligmann (2005): *Der Glücks-Faktor. Warum Optimisten länger leben.* Bastei Lübbe

Silicon Valley Historical Association: Steve Jobs 1994 Uncut Interview. Online-Quelle: https://bit.ly/2R8JNvJ (Letzter Zugriff: 30. Januar 2019)

Bronnie Ware (2013): *5 Dinge, die Sterbende am meisten bereuen.* Arkana

Michael Wech und Hanns-Bruno Kammertöns: »Boris Becker – Der Spieler« (TV-Dokumentation 2017)
James Wilk (2016): Designing Change. Online-Quelle: https://bit.ly/2GRRHoJ (Letzter Zugriff: 29. Januar 2019)

Anmerkungen

1 Herbert Buchsbaum: Al Neuharth, News Executive Who Built Gannett and USA Today, Is Dead at 89. In: *The New York Times,* 20. April 2013

2 Ebd.

3 Jeffrey Pfeffer; Robert I. Sutton: *The Knowing-Doing Gap: How Smart Companies Turn Knowledge into Action.*

4 James Collins; Jerry Porras: *Built to Last: Successful Habits of Visionary Companies.*

5 John C. Norcross, Kristin Loberg, Jonathon Norcross: *Changeology. 5 Steps to Realizing Your Goals and Resolutions.*

6 Woody-Allen-Interview: https://bit.ly/2AeOOZV

7 Bernard Roth: *The Achievement Habit: Stop Wishing, Start Doing, and Take Command of Your Life.*

8 Bronnie Ware: *5 Dinge, die Sterbende am meisten bereuen.*

9 Waldemar Pelz: *Transformationale Führung – Forschungsstand und Umsetzung in der Praxis.*

10 C. Mathy, C. Cedraschi, J.-P. Broonene, A. Azzia, Y. Henrotin (2015): *Volition and low back pain: When patients talk.*

11 Ebd.

12 Heike Bruch, Sumantra Ghoshal: *A Bias for Action: How Effective Managers Harness Their Willpower, Achieve Results, and Stop Wasting Time.*

13 Ebd.

14 Tom Kelley, David Kelley: *Creative Confidence: Unleashing the Creative Potential Within Us All.*

15 John C. Norcross: Changeology: *5 Steps to Realizing Your Goals and Resolutions.*

16 Ebd.

17 Greg McKeown: *Essentialism: The Disciplined Pursuit of Less.*

18 »Boris Becker – Der Spieler«; TV-Dokumentation von Michael Wech und Hanns-Bruno Kammertöns.

19 Angela Lee Duckworth: *Grit: The power of passion and perseverance,* TED Talk.

20 Ebd.

21 Heinze verweist hier auch auf die Theorie des »Deliberate Practice«. Dieses absichtsvolle Lernen beschreibt intensive und hoch strukturierte Übungseinheiten, die sich auf das Erreichen eines konkreten Ziels ausrichten. In den Bereichen Musik und Sport konnten 21 beziehungsweise 18 Prozent der Leistungsunterschiede auf diesen Übungsansatz zurückgeführt werden können. Vgl.: Dr. Daniela Heinze: Die Bedeutung der Volition für den Studienerfolg.

22 Angela Duckworth: *Grit: The Power of Passion and Perseverance.*

23 Walter Mischel: *Der Marshmallow-Effekt: Wie Willensstärke unsere Persönlichkeit prägt.*

24 K.L. Milkman, J.A. Minson, and K.G.M. Volpp (2014): *Holding The Hunger Games Hostage at the Gym: An Evaluation of Temptation Bundling.*

25 Pierre Azoulay, Benjamin F. Jones, J. Daniel Kim: *Javier Miranda: Age and High-Growth Entrepreneurship.*

26 Tom Kelley, David Kelley: Creative Confidence: Unleashing the Creative Potential Within Us All.

27 Ebd.

28 Vgl. »Prospect Theory« in Daniel Kahneman: *Schnelles Denken, langsames Denken.*

29 Barry Schwartz: *The Paradox of Choice: Why More Is Less,* Revised Edition.

30 Teresa Amabile; Steven Kramer: *The Progress Principle: Using Small Wins to Ignite Joy, Engagement, and Creativity at Work.*

31 Gerhard Roth: *Persönlichkeit, Entscheidung und Verhalten: Warum es so schwierig ist, sich und andere zu ändern.*

32 Ebd.

33 Charles Duhigg: *The Power of Habit: Why We Do What We Do, and How to Change.*

34 Tom Cheshire: The Oxford don with tiny answers. In: *Wired Magazine* 10/2010.

35 Ebd.

36 James Wilk: *Designing Change.*

37 Ebd.

38 Tom Cheshire: *The Oxford don with tiny answers.*

39 Brené Brown: *The Gifts of Imperfection: Let Go of Who You Think You're Supposed to Be and Embrace Who You Are.*

40 Francis J. Flynn, Vanessa K. Bohns: *If You Need Help, Just Ask: Underestimating Compliance With Direct Requests for Help.*

41 Silicon Valley Historical Association: *Steve Jobs 1994 Uncut Interview.*

42 Christoph Kucklick: Schluss mit dem Scheitern! In: *ZEITmagazin* Nr. 1/2014

43 Deutscher Startup Monitor 2017

44 Martin Seligmann: *Der Glücks-Faktor. Warum Optimisten länger leben.*

45 Astrid Schütz: Tipps für Pessimisten. In: *AOK Gesundheitsmanager.*

46 J. K. Rowling: Harvard Commencement Speech, Harvard University Commencement.

47 Bas Kast: »Ich fühle, also bin ich« In: *ZEIT Wissen* 2/2006

48 Ebd.

49 Justus Bender, Maren Soehring: »Aus dem Bauch« In: *ZEIT Campus,* 03/2007

50 Queens University/Smith School of Business: *Intuition in the Age of Big Data.*

51 Denise Roland: ›Gut feeling‹ still king in business decisions. Auf: www.thetelegraph.co.uk

Register